T0129608

essentials

essentials liefern aktuelles Wissen in konzentrierter Form. Die Essenz dessen, worauf es als „State-of-the-Art" in der gegenwärtigen Fachdiskussion oder in der Praxis ankommt. *essentials* informieren schnell, unkompliziert und verständlich

- als Einführung in ein aktuelles Thema aus Ihrem Fachgebiet
- als Einstieg in ein für Sie noch unbekanntes Themenfeld
- als Einblick, um zum Thema mitreden zu können

Die Bücher in elektronischer und gedruckter Form bringen das Fachwissen von Springerautor*innen kompakt zur Darstellung. Sie sind besonders für die Nutzung als eBook auf Tablet-PCs, eBook-Readern und Smartphones geeignet. *essentials* sind Wissensbausteine aus den Wirtschafts-, Sozial- und Geisteswissenschaften, aus Technik und Naturwissenschaften sowie aus Medizin, Psychologie und Gesundheitsberufen. Von renommierten Autor*innen aller Springer-Verlagsmarken.

Carsten Baumgarth

Markentools I: Brand Canvas

Marken holistisch verstehen und
managen mit dem B*canvas 2.0

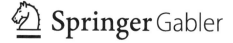 Springer Gabler

Carsten Baumgarth
Hochschule für Wirtschaft und Recht
Berlin
Berlin, Deutschland

ISSN 2197-6708   ISSN 2197-6716   (electronic)
essentials
ISBN 978-3-658-38231-5   ISBN 978-3-658-38232-2   (eBook)
https://doi.org/10.1007/978-3-658-38232-2

Die Deutsche Nationalbibliothek verzeichnet diese Publikation in der Deutschen Nationalbibliografie; detaillierte bibliografische Daten sind im Internet über http://dnb.d-nb.de abrufbar.

Planung/Lektorat: Barbara Roscher
Springer Gabler ist ein Imprint der eingetragenen Gesellschaft Springer Fachmedien Wiesbaden GmbH und ist ein Teil von Springer Nature.
Die Anschrift der Gesellschaft ist: Abraham-Lincoln-Str. 46, 65189 Wiesbaden, Germany

Was Sie in diesem *essential* finden können

- Grundlagen zur Canvas-Methode
- einen elaborierten Brand Canvas zur holistischen Betrachtung, Bewertung und Führung von Marken
- die neueste Version des *B*canvas 2.0*
- viele Tipps und Tools zur Anwendung des *B*canvas*, die aus jahrelanger Nutzung des Tools resultieren
- Anwendungsbeispiele des *B*canvas* in den Feldern Markenanalyse, Markenführung und Markenlehre.

Vorwort

Marken stellen das wertvollste immaterielle Gut der meisten Unternehmen dar. Dies gilt mittlerweile auch für Regionen, Non-Profit-Organisationen, Universitäten und sogar für Personen. Ohne eine starke Marke keine Tourist:innen und Wirtschaftsansiedlungen, keine Spenden, Freiwilligen und kein gesellschaftlicher Impact, keine Studierenden und auch keine Partner:innen aus der Wirtschaft und Gesellschaft. Und auch Creators im digitalen Umfeld brauchen starke Marken für Follower und Likes. Trotz dieser Bedeutung wird in der Praxis, aber teilw. auch in der Wissenschaft und Lehre, die Marke häufig auf coole Kommunikation und schicke Logos verkürzt. Damit einher geht das Phänomen, dass in Markenprojekten in der Praxis sich jeder und jede als Expert:in fühlt und auch häufig den persönlichen Geschmack energisch einbringt.

Dieses *essential* stellt mit dem Werkzeug Brand Canvas und speziell mit dem *B*canvas 2.0* einen Ansatz vor, der eine holistische Sichtweise auf die Marke ermöglicht. Weiterhin eignet sich der *B*canvas*, um auch in Gruppen systematisch und profund, aber gleichzeitig offen und für alle verständlich über die „eigene" Marke zu diskutieren.

Der *B*canvas* ist ein Projekt, welches ich schon länger verfolge. 2016 wurde die erste Version veröffentlicht und nun liegt mit dem *B*canvas 2.0* eine völlig überarbeitete Version vor. Das Werkzeug wurde ganz im Sinne eines Design Thinking-Ansatzes immer wieder mit Nutzer:innen in Workshops, Weiterbildungsseminaren und universitären Lehrveranstaltungen getestet, diskutiert und weiterentwickelt. Besonders viele Impulse habe ich durch meine Masterkurse „Brand Management" an der *HWR Berlin* und der *Nordakademie* sowie in den CAS-Kursen an der *Hochschule Luzern* erhalten. Ich danke den Studierenden sowie den vielen beteiligten Firmen und Marken (*AlmaWin, Annemarie Börlind, BUND, Bio Company, destinature, DeCIX, Drees & Sommer, eprimo, GLS Bank,*

ISS, iteratec, Jungheinrich, Rittal, Vaude, veganz, voelkel, Weleda, Werkhaus) für die Zusammenarbeit und das wertvolle Feedback. Gleichzeitig ist der *B*canvas* natürlich stark von den Arbeiten von Dr. Alexander Osterwalder zum *Business Model Canvas* inspiriert. Auch die Arbeit zum Project Canvas von meinem Kollegen und Büronachbar Prof. Dr. Frank Habermann hat die Entwicklung des *B*canvas* vorangebracht. Mein besonderer Dank gilt auch meinem *B*lab*-Team, insbesondere meiner Mitarbeiterin Cosima Kaibel, die sich vor allem um die grafische Gestaltung des *B*canvas* und die *B*canvas*-Karten verdient gemacht hat und meiner studentischen Hilfskraft Liho Wichert, die sich mit der Rohfassung und den Formatvorlagen erfolgreich rumgeschlagen hat.

Vermutlich wird die Weiterentwicklung des *B*canvas* nie ganz abgeschlossen werden, aber aus meiner Sicht ist er nun so ausgereift, dass es sich lohnt, das Werkzeug sowie die vielen Erfahrungen mit dem Tool in einem Buch schriftlich zu dokumentieren und einem größeren Publikum zugänglich zu machen.

Viel Spaß beim Lesen und noch viel mehr Spaß beim Ausprobieren des *B*canvas*. Ich freue mich über jedes Feedback, Ihre Erfahrungen oder auch Fotos von ihrem eigenen *B*canvas*.

Berlin   Prof. Dr. Carsten Baumgarth
März 2022

Inhaltsverzeichnis

Eine Managerin rief mich vor einigen Wochen an und fragte nach Unterstützung beim Aufbau einer Marke. Aus einer bestehenden Organisation sollte ein eigenständiges Unternehmen als GmbH mit neuem Leistungsangebot ausgegründet werden. Bei der Frage, was sie genau benötigt, kam die Antwort: einen neuen Markennamen und das möglichst zeitnah!

Der Automobilhersteller *AUDI* hat Ende 2019 eine neue Markenausrichtung angekündigt, welche den Markenkern und Slogan „Vorsprung durch Technik" vollständig neu interpretiert und durch den Slogan „Future is an attitude" ergänzt. Diese Neuausrichtung ist mutig und kann kontrovers in Bezug auf die Markenherkunft, die Unternehmenskultur, die Klarheit der Positionierung etc. bewertet werden. Das überraschende aber war, dass auf Social Media-Kanälen wie *LinkedIn* das neue, sehr reduzierte *AUDI*-Logo in der Fachcommunity intensiv und kontrovers diskutiert wurde. Die eigentliche, viel grundlegendere Frage zur Sinnhaftigkeit der neuen Positionierung blieb dabei jedoch außen vor.

Eine neue Sau, die gerade fast durch jedes Marketing-Dorf getrieben wird, ist seit einiger Zeit der (Marken-)Purpose. Es ist nicht immer ganz klar, was genau darunter verstanden wird, welche Unterschiede zwischen Purpose und Mission bzw. Vision vorliegen und ob der „Golden Circle" nach Simon Sinek (2009) tatsächlich die neue „Geheimformel" für den Unternehmens- und Markenerfolg ist. Was in dieser sehr theoretischen und philosophischen Purpose-Diskussion jedoch meisten vollständig ausgeklammert wird, ist, dass ein gesellschaftlich höherer Nutzen (wenn man Purpose so definieren möchte) nur authentisch und erfolgsversprechend sein kann, wenn sich dieser aus der Unternehmenskultur ergibt, sich auch in eine „gute" Markenpositionierung (inklusive Differenzierung gegenüber Wettbewerbern und Relevanz für die Kund:innen) übersetzen lässt und für die Kundschaft an allen Markenkontaktpunkten (z. B. Produkte, Services, Kommunikation) erlebbar wird.

C. Baumgarth, *Markentools I: Brand Canvas*, essentials,
https://doi.org/10.1007/978-3-658-38232-2_1

Was ist diesen drei und vielen weiteren Beispielen gemein? Marke wird zu häufig reduziert auf wenige Aspekte wie Branding (Name, Logo, Typographie etc.) oder Markenwerte. Aber Marken werden nur dann erfolgreich, resilient und für die Konsument:innen relevant sein, wenn die Marke als holistisches Konzept verstanden und die Marke entsprechend analysiert und geführt wird. Marke darf nicht länger eine exklusive Aufgabe der Marketing- und Kommunikationsabteilung oder der externen Kommunikations- oder Designagentur sein, sondern muss ein Leitkonzept für das gesamte unternehmerische Verhalten darstellen.

Das in diesem *essential* präsentierte Brand-Canvas-Tool *B*canvas* 2.0* dient genau diesem Zweck. Es stellt ein Denkmodell und gleichzeitig ein praktikables sowie in der Praxis und Lehre vielfach erprobtes Tool dar, um Marken ganzheitlich zu erfassen, zu führen und auch in der Aus- und Weiterbildung zu vermitteln.

Canvas-Ansatz

2

Die Canvas-Methode ist etwas mehr als zehn Jahre alt und stammt aus dem Innovations- und Start-up-Umfeld. Mittlerweile liegen aber auch aus anderen Anwendungsfeldern elaborierte Ansätze vor. Dieses Kapitel stellt das Basismodell sowie einige wichtige Varianten vor und identifiziert gemeinsame Merkmale der Canvas-Methode.

2.1 *Business Model Canvas* als Basismodell

Den ersten und bis heute am weitesten verbreiteten Canvas-Ansatz stellt der *Business Model Canvas* nach Osterwalder und Pigneur (2010, auch Osterwalder, 2004) dar. Der *Business Model Canvas* stellt eine Alternative zu klassischen, häufig umfangreichen und starren Businessplänen dar und soll insbesondere dafür sorgen, dass ein Team ein gemeinsames Verständnis für ein neues Geschäftsmodell entwickelt, z. B. als Start-up oder als neues Geschäftsmodell eines etablierten Unternehmens. Der *Business Model Canvas* besteht aus neun Elementen, die sich den Gruppen Kund:innen, Angebot, Infrastruktur und Finanzen zuordnen lassen (vgl. Abb. 2.1).

Dieses Basismodell für die Beschreibung und Entwicklung von Business-Modellen wurde mittlerweile kritisch gewürdigt (z. B. Ching & Fauvel, 2013) und adaptiert (z. B. Maurya, 2013). Auch liegen viele Anwendungsbeispiele aus verschiedenen Branchen vor (u. a. Künstler:innen: Carter & Carter, 2020; Social Entrepreneurs: Sparviero, 2019; NGOs: Ati et al., 2019; KMUs: Frick & Ali, 2013; Services: Zolnowski et al., 2014). Schließlich existieren digitale Plattformen, die entweder fertige Canvas-Modelle zur Verfügung stellen oder die Erstellung eigener Canvas-Modelle ermöglichen (z. B. https://canvanizer.com; https://www.strategyzer.com/canvas).

© Der/die Autor(en), exklusiv lizenziert an Springer Fachmedien Wiesbaden GmbH, ein Teil von Springer Nature 2022
C. Baumgarth, *Markentools I: Brand Canvas*, essentials,
https://doi.org/10.1007/978-3-658-38232-2_2

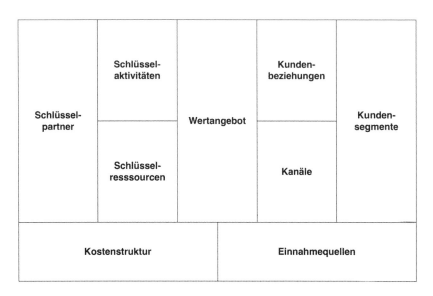

Abb. 2.1 Business Model Canvas. (Quelle: in Anlehnung an: Osterwalder & Pigneur, 2010, S. 22–23)

2.2 Weitere Canvas-Ansätze

Aufbauend auf diesem Basismodell mit dem Fokus „Geschäftsmodell" wurden in den letzten zehn Jahren für verschiedenste Managementfragestellungen Canvas-Modelle entwickelt. Die folgende Auswahl von vier Anwendungsbereichen ist nicht vollständig, sondern illustriert vielmehr die Flexibilität des Ansatzes.

1. Nachhaltigkeit

Eine erste Adaption des *Business Model Canvas* findet sich im Nachhaltigkeitsbereich. Zwar handelt es sich dabei auch um die Entwicklung von Geschäftsmodellen, aber es werden Nachhaltigkeitsaspekte in die Canvas integriert, insbesondere der Drei-Säulen-Ansatz (bzw. Triple-Bottom-Ansatz). Dies erfolgt spezifisch für einzelne Branchen wie z. B. Mode und Bekleidung (Kozlowski et al., 2018) oder für Nachhaltigkeit im Allgemeinen (z. B. Joyce & Paquin, 2016; Lewandowski, 2016; Daou et al., 2020). Exemplarisch soll der Ansatz von Joyce und Paquin (2016) skizziert werden. Dieser Ansatz integriert den Drei-Säulen-Ansatz der

Nachhaltigkeit mit den Säulen Ökonomie, Ökologie und Soziales in den Business Model Canvas. Dazu schlagen die Autoren vor, drei Canvase zu erstellen. Jeder einzelne Canvas stellt sicher, dass die Elemente in Bezug auf eine Wertedimension eine hohe Kohärenz aufweisen (horizontale Kohärenz). Gleichzeitig führt die Erstellung von drei Canvasen dazu, dass auch der Fit zwischen den drei Werteebenen Berücksichtigung findet (vertikale Kohärenz). Der „ökonomische" Canvas ist der Original *Business Model Canvas* nach Osterwalder und Pigneur. Die beiden anderen Canvase für die ökologische und soziale Dimension orientieren sich ebenfalls am Grundaufbau des *Business Model Canvas*, benennen aber die Felder abweichend. Abb. 2.2 verdeutlicht die drei Ebenen.

2. Innovationen

Ein zweites Anwendungsfeld für die Canvas-Methode liefert der Bereich Service- und Produktinnovation (z. B. Ahmed et al., 2014; Kline et al., 2013; Carlye et al., 2019). Zwar war schon der *Business Model Canvas* für die Entwicklung von neuen Geschäftsmodellen vorgesehen, aber dieser fokussierte sich eher auf die eigentliche Geschäftsmodellierung als auf die Entwicklung der neuen Leistung. Exemplarisch soll der *Innovation Canvas* von Kline et al. (2013) skizziert werden, der die Perspektive des Design Thinking mit dem Canvas-Ansatz verbindet. Insgesamt unterscheidet der Ansatz die Designphasen Exploration, Ideenfindung, Design und Vermarktung. Dieser Grundstruktur werden insgesamt 18 Bausteine zugeordnet (vgl. Abb. 2.3).

Ergänzt wird die Darstellung des *Innovation Canvas* durch eine Methodenübersicht zu Tools, um die einzelnen Designphasen zu bearbeiten. In einer weiteren Publikation stellen Ahmed et al. (2014) Anwendungsfälle und Feedback zu dem Innovation Canvas aus Studierenden- und Anwender:innensicht vor.

3. Projekte

Ein drittes exemplarisches Anwendungsgebiet stellt das Projektmanagement dar. Hier soll insbesondere der *Project Canvas* von Habermann und Schmidt (2017, 2018, 2020; auch Habermann, 2014) vorgestellt werden. Ziel des *Project Canvas* ist es, Projekte, die sich durch Neuheit und Komplexität auszeichnen, so zu strukturieren, dass ein Team mit unterschiedlichsten fachlichen und beruflichen Hintergründen ein gemeinsames Projektverständnis und einen gemeinsamen (groben) Projektplan entwickeln kann. Die beiden Entwickler:innen nutzen zur Strukturierung eines Projektes die Metapher einer Reise und unterscheiden

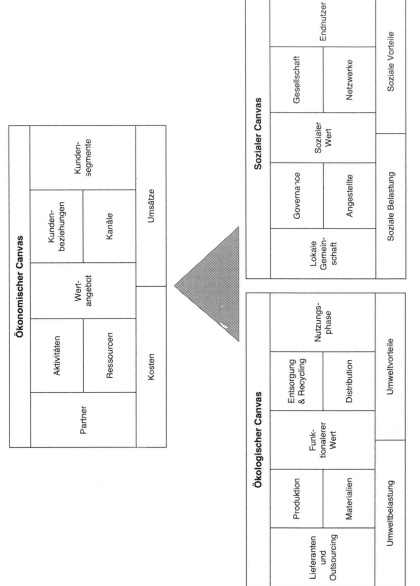

Abb. 2.2 Drei-Säulen-Nachhaltigkeits-Canvas. (Quelle: in Anlehnung an Joyce & Paquin, 2016)

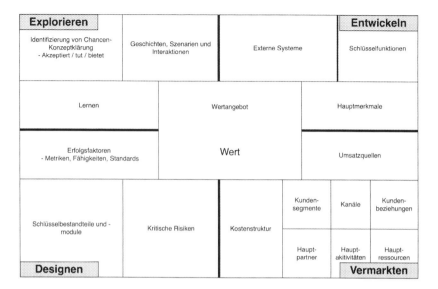

Abb. 2.3 Innovation Canvas. (Quelle: in Anlehnung an Löine et al., 2013, S. 8)

dabei insgesamt elf Bausteine. Mit einer Input-, Transformations- und Output-Phase, flankiert vom Zweck und von Zeit folgt dieser einem prozessorientierten Verständnis. Abb. 2.4 zeigt den *Project Canvas* im Überblick.

Ergänzt wird dieser elaborierte Ansatz durch Fragekarten zu den einzelnen Bausteinen, Vorschläge für Workshops und eine digitale Plattform (www.overth efence.com) mit Vorlagen und weiteren Informationen.

4. Personen

In den letzten Jahren wurde in der Beratungs- und Coachingwelt das Markenkonzept verstärkt auch auf einzelne Personen speziell im professionellen Umfeld übertragen. Das Konzept Personal Branding bzw. Personenmarke geht davon aus, dass der persönliche Erfolg vom Aufbau einer eigenen Marke mit einem hohen Bekanntheitsgrad, einem differenzierten Image sowie einer Präferenz abhängig ist (allg. Spall & Schmidt, 2019). Eine einfache *Google*-Suche zeigt unterschiedlichste Canvas-Vorlagen für dieses Anwendungsgebiet. Eine spezielle Anwendung der Canvas-Methode ist die Positionierung von Künstler:innen für Kooperationen mit Unternehmen (ausführlich Baumgarth, 2021). Diese sog.

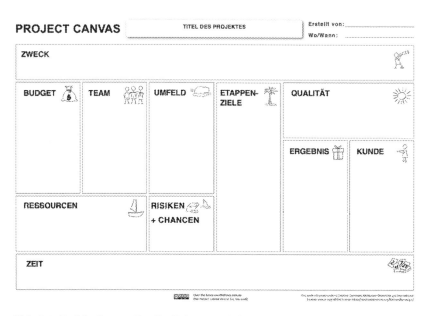

Abb. 2.4 Projekt Canvas. (Quelle: Habermann & Schmidt, 2018, S. 43)

Kunst-Unternehmens-Kooperationen (KUK) (ausführlich Baumgarth & Sand-berg, 2016) sind für viele Künstler:innen neu und ungewohnt. Um diese auf solche Kooperationen vorzubereiten, wurde für einen Tages-Workshop mit Künstler:innen ein *KUK-Canvas* entwickelt (vgl. Abb. 2.5).

Diesen *KUK-Canvas* füllen die teilnehmenden Künstler:innen nach einer Vor-stellung der Methodik selbständig mithilfe von Post-its® aus. Unterstützt wird dieses Workshop-Element durch eine Liste mit Leitfragen und Schlüsselwör-tern für die einzelnen Felder. Im Anschluss präsentieren die Künstler:innen ihre Canvase und erhalten Feedback von der Gruppe.

2.3 Merkmale der Canvas-Methode

Die vorangegangenen Abschnitte haben einige Canvas-Ansätze skizziert. Aber welche Gemeinsamkeiten weisen diese Ansätze trotz aller Unterschiede auf? Was macht den Kern der Canvas-Methodik aus? Insgesamt lassen sich vier Merkmale ableiten:

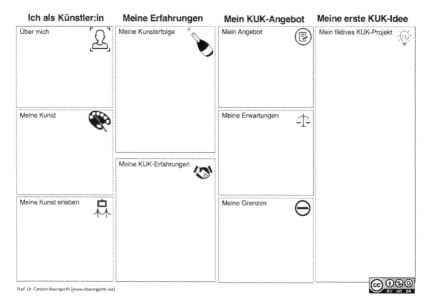

Abb. 2.5 KUK-Canvas. (Quelle: Baumgarth, 2021, S. 34)

1. Abbildung eines komplexen Planungsgegenstandes auf einer „Leinwand"

Neue Geschäftsmodelle, Nachhaltigkeit, Innovationen, Projekte und Personen-
marken weisen die Gemeinsamkeit auf, dass es sich um komplexe Planungs-
gegenstände handelt. Diese Komplexität resultiert aus der Kombination verschiedener Facetten, häufig gepaart mit einer Zukunftsperspektive, die Unsicherheit
mit sich bringt. Zudem erfordert sie regelmäßig die Integration verschiedener
Disziplinen, Menschen und Abteilungen. Die Canvas-Methode reduziert die Komplexität, indem sie dazu zwingt, den jeweiligen Gegenstand auf einer (oder
wenigen) Leinwänden abzubilden.

2. Details und ganzheitliche Sicht

Zum einen reduziert die Canvas-Darstellung die Komplexität durch eine Zerle-
gung in Einzelfelder. Dies ermöglicht eine Detailbetrachtung. Zum anderen führt

die Abbildung aller Elemente auf einem Canvas dazu, dass gleichzeitig die Kohärenz zwischen den Elementen mitgedacht wird und dadurch eine holistische Sicht
auf den Gegenstand sichergestellt wird.

3. Verständlichkeit

Alle Canvas-Ansätze achten darauf, dass der jeweilige Canvas durch die verwen-
deten Bezeichnungen der Felder, durch ergänzende Symbole und/oder Beschrei-
bungen (z. B. Karten) für alle Beteiligten verständlich ist, auch wenn diese keine
Spezialist:innen für den jeweiligen Canvas-Gegenstand sind. Dadurch erhöhen
Canvase die Kommunikation und Zusammenarbeit auch in diversen Teams mit
unterschiedlichen Expertisen.

4. Anpassungsfähigkeit und Flexibilität

Zwar geben die jeweiligen Canvas-Ansätze ein gewisses Schema vor, aber zum
einen empfehlen einige Ansätze explizit die Anpassung der Struktur. Zum anderen ist auch die Bearbeitungsreihenfolge nicht vollständig vorgegeben. Einige
Ansätze schlagen bestimmte Vorgehensweisen vor bzw. haben auch empirisch
analysiert, welche Vorgehensweisen zu besseren Ergebnissen führen, aber grundsätzlich sind die Gruppen frei in der Bearbeitungsreihenfolge. Ergänzt wird diese
Flexibilität dadurch, dass empfohlen wird, mit Post-its® zu arbeiten. Dabei sollte
auf jedem Post-it® nur ein Begriff, ein Konzept oder eine Idee aufgeschrieben
werden. So ist es im Bearbeitungsprozess, aber auch in späteren Reflektionen
einfacher, einzelne Konzepte zu verändern, zu entfernen oder neu hinzuzufügen.

Die Marke ist ähnlich wie Geschäftsmodelle, Nachhaltigkeit, Innovation und Projekte ein komplexer Gegenstand, der i. d. R. auch die Zusammenarbeit verschiedener Disziplinen und Personen erfordert. Dies gilt besonders, wenn es sich um Dach- oder Firmenmarken handelt. Zum Umgang mit dieser Komplexität der Markenführung bietet es sich daher an, einen Brand Canvas zu entwickeln. Im Folgenden wird der *B*canvas* präsentiert, der in einer ersten Version 2016 *(B*canvas 1.0)* vorgestellt und seitdem immer wieder verwendet und weiterentwickelt wurde. 2019 erschien eine erste Publikation zu dem *B*canvas* (Baumgarth, 2019). Aufgrund der Erfahrungen im praktischen Einsatz und dem Feedback von Studierenden und Praktiker:innen wurde Ende 2020 die adaptierte Version *B*canvas 2.0* in deutscher und englischer Sprache publiziert. Die folgenden Abschnitte stellen den *B*canvas 2.0* vor, wobei anzumerken ist, dass diese Darstellung kein Lehrbuch oder Basiswissen zur Marke ersetzen kann.

3.1 Überblick

Im Jahr 2018 wurde die erste Version des *B*canvas* im *B*lab,* einem an der Hochschule für Wirtschaft und Recht Berlin angesiedelten Labor zur Erforschung und Erprobung neuer Markenansätze, als Open Source unter einer Creative Commons Lizenz veröffentlicht (creative commons, 2021; auch Baumgarth, 2019). Dieses wurde im Vorfeld der Veröffentlichung und anschließend in verschiedenen Beratungs- und Lehrprojekten u. a. für Technologie-, Nachhaltigkeits- und Kulturmarken praktisch genutzt und verbessert. Im Januar 2021 wurde dann der verbesserte *B*canvas 2.0* veröffentlicht. Abb. 3.1 zeigt die aktuelle Version des *B*canvas,* die ebenfalls unter der Creative Commons Lizenz CC BY-SA 4.0 veröffentlicht wurde, sprich jede:r kann diesen Brand Canvas für nicht kommerzielle

C. Baumgarth, *Markentools I: Brand Canvas,* essentials,
https://doi.org/10.1007/978-3-658-38232-2_3

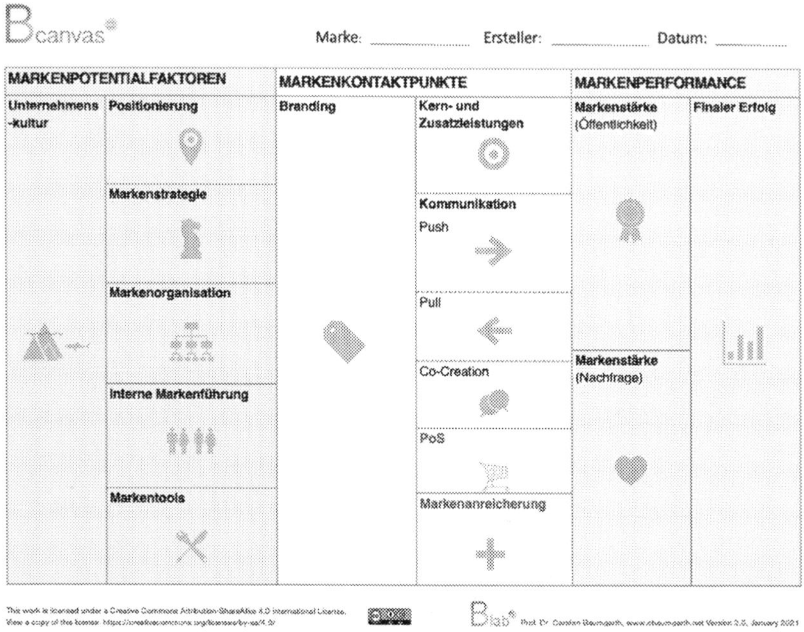

Abb. 3.1 B*canvas 2.0

Zwecke unter Namensnennung und Weitergabe unter gleichen Bedingungen frei nutzen. Der *B*canvas* kann in deutscher und englischer Sprache auf der Webseite www.cbaumgarth.net heruntergeladen werden. Wenn im Weiteren von *B*canvas* gesprochen wird, ist jeweils diese aktuellste Version gemeint.

Das *B*canvas* besteht aus drei Dimensionen und insgesamt 14 Elementen. Im Folgenden sollen Leitfragen und einige ausgewählte Referenzen die jeweilige Dimension und seine Elemente verdeutlichen. Ein detaillierter Überblick zu den einzelnen Bausteinen findet sich in klassischen Marken-Lehrbüchern (z. B. Keller & Swaminathan, 2020; de Chernatony et al., 2011; Beverland, 2021; Baumgarth, 2014).

3.2 Bausteine

3.2.1 Markenpotentialfaktoren

Die Markenpotentialfaktoren, die das Fundament einer Marke bilden, sind für die Kund:innen und externe Stakeholder unsichtbar, da sich diese Dimension aus den markeninternen Faktoren zusammensetzt. Sie bilden jedoch die notwendige Voraussetzung dafür, dass eine Marke professionell und erfolgreich geführt werden kann. Zu den Markenpotentialfaktoren gehören die Elemente Unternehmenskultur, Markenpositionierung, Markenstrategie, Markenorganisation, interne Markenführung sowie der Einsatz von Markentools fasst die Elemente der Potenzialfaktoren zusammen (vgl. Tab. 3.1).

3.2.2 Markenkontaktpunkte

Die Markenkontaktpunkte bilden die Schnittstelle zur Kundschaft und anderen externen Anspruchsgruppen und machen die Marke für diese wahrnehmund erlebbar. Auch hier wird ein holistischer Ansatz der Markenführung verfolgt, denn die Markenkontaktpunkte umfassen weit mehr als die reine (mediale) Kommunikation. Die Basis aller Markenkontaktpunkte bildet das Branding, denn Zeichen wie Markenname, Logo, Slogan, Architektur, Design u. a. sind in alle Markenkontaktpunkte integriert und das Branding wird erst durch diese für die Kund:innen wahrnehmbar. Das *B*canvas 2.0* differenziert mit dem Branding, den Kernleistungen & Services, der Kommunikation, dem Point-of-Sale (PoS) und der Markenanreicherung fünf verschiedene Markenkontaktpunkte (vgl. Tab. 3.2).

3.2.3 Markenperformance

Die dritte und finale Dimension des *B*canvas* stellt die Markenperformance dar, die sich in drei Elemente gliedert: Markenstärke in der Öffentlichkeit, Markenstärke auf der Nachfragerseite und finaler Markenerfolg. Im Gegensatz zu den beiden anderen Dimensionen Markenpotentialfaktoren und Markenkontaktpunkten ist diese Dimension keine Managementaufgabe, sondern beantwortet die Frage nach dem Ergebnis aller Markenführungsaktivitäten. Insbesondere der finale Markenerfolg hängt vom Unternehmenstyp und den Motiven des Top-Managements bzw. der Firmeninhaber:in ab. Für ein konventionelles Unternehmen sind beispielsweise Kennzahlen wie der finanzielle Markenwert,

Tab. 3.1 Beschreibung der Markenpotentialfaktoren des *B*canvas*

Elemente	Leitfragen	Ausgewählte theoretische Bezugspunkte & Quellen
Unternehmenskultur	*D-Frage:* Welche Wichtigkeit spielt die Marke für das Top-Management und die Mitarbeitende? *B-Fragen* Sind die Werte unseres Unternehmens die Richtlinie für alle unsere Entscheidungen und unser Handeln? Verfolgen wir einen markenorientierten Ansatz? Entstehen Innovationen und neue Geschäftsfelder aus unseren Markenwerten?	Unternehmenskultur *Schein (1999, 2004), Cameron & Quinn (2006), Hatch & Schultz 2008)* Marken- vs. Kundenorientierung *Urde (1994, 1999), Baumgarth (2010), Balmer (2017)*
Positionierung	*D-Frage:* Wofür soll unsere Marke stehen? *B-Fragen:* Besitzen wir eine explizite, d. h. schriftlich fixierte Markenpositionierung? Sind unser Markenwerte für unsere Haupt-Stakeholder (z. B. Kundschaft, potentielle Mitarbeitende) relevant? Unterscheiden wir uns klar vom Wettbewerb? Sind unsere Markenwerte authentisch? Verfolgen wir eine kleine (3–5 Werte) Anzahl von Positionierungsinhalten?	Markenpositionierung *Koch (2014)* Authentizität *Gilmore & Pine (2007), Beverland (2009)*

(Fortsetzung)

Tab. 3.1 (Fortsetzung)

Elemente	Leitfragen	Ausgewählte theoretische Bezugspunkte & Quellen
Markenstrategie	*D-Frage:* Wie sind unsere Leistungen mit unseren Marken verbunden? *B-Fragen:* Ist die Zuordnung unserer Leistungen zu unseren Marken klar und nachvollziehbar? Verstehen unsere externen Stakeholder unsere Markenarchitektur? Besteht zwischen unseren Marken und den Produkten (speziell Innovationen) aus Sicht der Kund:innen ein hoher Fit?	Markenarchitektur *Laforet & Saunders (2007); Aaker & Joachimsthaler (2000), Strebinger (2014), Nguyen et al. (2018)* Markentransfers *Völckner & Sattler (2006)*
Markenorganisation	*D-Frage:* Wer und welche Abteilungen sind für die Markenführung in unserem Unternehmen verantwortlich? *B-Fragen:* Gibt es eindeutig festgelegte Verantwortliche für die Markenführung? Unterstützt unser Top-Management die Markenführung stark und nachhaltig? Besitzen unsere Markenverantwortlichen Expertise in Bezug auf Markenführung? Verfügen unsere Markenverantwortlichen intern über eine ausreichende Machtbasis?	(Marken-)organisation *Low & Fullerton (1994), Kernstock et al. (2014)* Know-how- und Fähigkeitsprofile für MarkenmanagerInnen *Brexendorf & Daecke (2012)*

(Fortsetzung)

Tab. 3.1 (Fortsetzung)

Elemente	Leitfragen	Ausgewählte theoretische Bezugspunkte & Quellen
Interne Markenführung	*D-Frage:* Mit welcher Strategie und welchen Instrumenten verankern wir unsere Marke(n) bei unseren Mitarbeitenden? *B-Fragen:* Ist unsere interne Markenführung professionell und langfristig wirksam? Haben wir ein (explizites oder implizites) internes Netzwerk von Markenbotschafter:innen? Kennen und verstehen alle unsere Mitarbeitenden unsere Markenwerte, akzeptieren diese und handeln dementsprechend?	Interne Markenführung *Ind (2007, 2017), Tomczak et al. (2012)* Markenbotschafter(programme) *Schmidt & Baumgarth (2018)*
Markentools	*D-Frage:* Welche Tools wie Regeln, Software und Systeme setzen wir zur Unterstützung der Markenführung ein? *B-Fragen:* Besitzen wir Regeln und Richtlinien zur Nutzung unseres Brandings (Corporate Design)? Haben wir Regeln und Richtlinien zur Umsetzung unserer Markenwerte implementiert? Analysieren wir systematisch und professionell die kurz- und langfristige Performance unserer Marken? Besitzen alle unsere Markenassets (z. B. Name, Logo, Designelemente) einen entsprechenden rechtlichen (Marken-)schutz?	Corporate Design (Richtlinien) und Markenhandbücher *Wheeler (2006)* Markencontrolling(system) *Kriegbaum (2011); Tomczak et al. (2014); Baumgarth & Douven (2018)* Management von Markenrechten *Lemper (2012)*

D-Frage: Definitionsfrage; B-Fragen: Beurteilungsfragen

Tab. 3.2 Beschreibung der Markenkontaktpunkte des B*canvas

Elemente	Leitfragen	Ausgewählte theoretische Bezugspunkte & Quellen
Branding	*D-Frage:* Durch welche Zeichen ist unsere Marke wiedererkennbar? *B-Fragen:* Ist es leicht unsere Markenzeichen zu lernen und wiederzuerkennen? Unterscheiden sich unsere Markenzeichen vom Wettbewerb? Drücken unsere Markenzeichen unsere Positionierung aus? Passen die verschiedenen Markenzeichen formal und inhaltlich zusammen?	Einzelne Branding-Elemente *Klink (2003), Machado et al. (2014), Henderson & Cote (1998), Raffelt (2012),* Integrierts Branding *Langner (2003)*
Kernleistungen & ergänzende Services	*D-Frage:* Welche Produkte und Leistungen bieten wir dem Markt überhaupt an? *B-Fragen:* Wie gut ist das Kunden- und Markenerlebnis mit unseren Produkten und Services? Drücken unsere Produkte und Services unsere Positionierung aus?	Kunden- und Markenerlebnis *Brakus et al. (2009),* Produkt- und Service-Design *Kreuzbauer (2013), Bloch (1995)*

(Fortsetzung)

Tab. 3.2 (Fortsetzung)

Elemente	Leitfragen	Ausgewählte theoretische Bezugspunkte & Quellen
🛎 Kommunikation	*D-Frage:* Mit welchen Kommunikationsinstrumenten (Push, Pull, Co-Creation) kommunizieren wir unsere Marke? *B-Fragen:* Erzielen wir einen ausreichenden Kommunikationsdruck bei unseren Zielgruppen durch Push-Kommunikation? Bieten wir unseren externen Anspruchsgruppen wertvollen (informativen und/oder unterhaltsamen) Content? Interagieren und kollaborieren wir mit unseren externen Anspruchsgruppen? Ist unsere gesamte Kommunikation trotz Anpassung an die Kanäle und Kontexte aus einem „Guss"? Drücken alle unserer kommunikativen Markenkontaktpunkte unsere Positionierung aus?	Markenkommunikation *Rossiter et al. (2018)* Content Marketing *Arrese & Pérez-Latre (2017)* Co-Creation *Ind/Schmidt (2019), Ramaswamy & Ozcan (2014)*

(Fortsetzung)

Tab. 3.2 (Fortsetzung)

Elemente	Leitfragen	Ausgewählte theoretische Bezugspunkte & Quellen
PoS	*D-Frage:* Über welche realen und digitalen Kanäle bieten wir unsere Produkte und Leistungen dem Markt zum Kauf an? *B-Fragen:* Erreichen wir durch unsere direkte und/oder indirekte Distribution einen ausreichenden Distributionsgrad? Drückt die Präsentation unsere Produkte und Services auf den digitalen und realen Vertriebsplattformen unsere Positionierung aus?	Physischer Vertrieb/Geschäfte *Spence et al. (2014); Ebster & Garaus (2011),* Online-Plattformen und shops *Ha & Lennon (2010),* Pop-up-Store *Baumgarth & Kastner (2012)*
Markenanreicherung	*D-Frage:* Mit welchen zusätzlichen Imageobjekten wie Marken, Regionen, Testimonials, Influencer:innen, Sport, Kunst etc. ist unsere Marke nach außen sichtbar verknüpft? *B-Fragen:* Steigern diese Imagepartner:innen die Reichweite und Sichtbarkeit unserer Marke? Sind diese Markenanreicherungen für unsere Kund:innen glaubwürdig und nachvollziehbar? Unterstützen unsere Markenanreicherungspartner:innen unsere Positionierung?	Markenanreicherung (Überblick) *Michel & Willing (2020), Keller & Swaminathan (2020, S. 291–326)* Einzelne Markenanreicherungsoptionen *Blackett & Boad (1999), Erdogan et al. (2001); Thakor & Kohli (1996); Lim & O'Cass (2001); Lou & Yuan (2019), Knoll & Matthews (2017)*

D-Frage: Definitionsfrage; B-Fragen: Beurteilugnsfragen

Gewinn, Rentabilität oder Marktanteil typische Ausprägungen dieses Elements. Im Gegensatz dazu sind für ein Sozialunternehmen oder eine Non-Profit-Organisation Indikatoren wie finanzielles Überleben und sozialer Impact die Hauptziele. Tab. 3.3 fasst die drei Elemente der Markenperformance zusammen.

3.3   Anwendungsempfehlungen

Um den *B*canvas* in der Praxis einzusetzen, wurden im Laufe der Zeit einige wertvolle Erfahrungen gesammelt, die hier zusammengefasst werden:

1. Darstellungs- und Arbeitsformate

Grundsätzlich war der *B*canvas* zunächst als Papierversion entwickelt worden, bei dem der Brand Canvas auf einem großen Plakat ausgedruckt wurde und die Workshopgruppen mit Post-its® die Elemente nach und nach gefüllt haben (klassischer Ansatz). Durch neue Technologien und auch durch die Covid19-Pandemie seit 2020, die verstärkt zu verteiltem und digitalem Arbeiten geführt hat, haben sich zwei weitere digitale Formate bewährt. Das erste digitale Format basiert auf digitalen Flipcharts bzw. interaktiven Whiteboards (teilw. werden auch die führenden Marken *ActivBoard* der Firma Promoethean und *SMART Board* der Firma Smart Technologies als Gattungsbegriffe für solche interaktiven Boards verwendet). Diese zeichnen sich dadurch aus, dass per Kurzentfernungsbeamer oder einer anderen Technologie der vorbereitete Canvas auf eine Fläche projiziert wird und dann über spezielle Stifte oder auf dem Computer per Touchscreen die „Karten" erstellt und positioniert werden können. Gute Erfahrungen hat der Verfasser mit dem *Samsung Flip 2* mit einer 55 Zoll-Fläche gemacht, die für kleine Gruppen ein gemeinsames Arbeiten an einem *B*canvas* ermöglicht. Für etwas größere Gruppen bietet sich auch die größere Version mit 85 Zoll an, die aufgrund des Gewichts und der Größe im praktischen Einsatz aber nicht mehr mobil und flexibel eingesetzt werden kann. Der entscheidende Vorteil dieser Lösung im Vergleich zu der klassischen, papierorientierten Methode ist die Dokumentation der Ergebnisse, deren Speicherung sowie ihre sofortige digitale Verteilung.

Eine dritte Methode ist die Nutzung von digitalen kollaborativen Tools wie *Mural, Miro, Google Slides* oder auch *Powerpoint*. Dieser Ansatz ermöglicht die Zusammenarbeit ohne physische Anwesenheit an einem Ort. In Abhängigkeit von der konkreten Software gestaltet sich der Workflow etwas unterschiedlich, aber im Kern wird der *B*canvas* als Vorlage erstellt und Gruppen können dann mit einfachen „digitalen" Post-its® gemeinsam arbeiten. Exemplarisch erfolgt

Tab. 3.3 Beschreibung der Markenperformance des B*canvas

Elemente	Leitfragen	Ausgewählte theoretische Bezugspunkte & Quellen
Markenstärke (Öffentlichkeit)	*D-Frage:* Wer berichtet in der Öffentlichkeit wie über unsere Marken? *B-Fragen:* Wie hoch ist die Reputation unserer Marke in der Gesellschaft? Wie beurteilen und kommunizieren Meinungsführer (Kritiker, NGOs, Medien, Influencer etc.) unsere Marke? Gewinnen wir für unsere Marke bzw. die zugrunde liegenden Markenwerte Auszeichnungen und Preise?	Sentiment-Analyse *Liu (2020), Kübler et al. (2020)* Reputationsmessung *Fombrun et al. (2000)*
Markenstärke (Kunde)	*D-Frage:* Wie stark sind unsere Marken in den Köpfen der Kundschaft gespeichert? *B-Fragen:* Wie hoch ist auch im Vergleich zum Wettbewerb die (gestützte und ungestützte) Bekanntheit unserer Marke in unserer Zielgruppe? Wie beurteilt unsere Zielgruppe(n) auch im Vergleich zum Wettbewerb unsere Marke (Einstellung, Image, Vertrauen, Sympathie etc.)? Wie treu ist auch im Vergleich zum Wettbewerb unsere Kundschaft und wie hoch ist die Bereitschaft unsere Marke weiterzuempfehlen?	Markenkennzahlen *Fetscherin (2020)* Markenstärke *Keller (1993), Yoo & Donthu (2011), Salinas (2009)* Markenloyalität *Keiningham (2008), Odin et al. (2001)*

(Fortsetzung)

Tab. 3.3 (Fortsetzung)

Elemente	Leitfragen	Ausgewählte theoretische Bezugspunkte & Quellen
Finaler Markenerfolg	*D-Frage:* Welche finalen Ziele verfolgt unser Unternehmen? *B-Fragen:* Wie hoch ist der ökonomische Markenwert? Wie gut erfüllen wir ökonomische Ziele wie Preispremium, Gewinn, Marktanteil oder Rentabilität? Welchen Impact haben wir mit unserer Marke auf die Gesellschaft?	Fianzieller Markenwert *Salinas (2009)* Gesellschaftlicher Impact *Florman et al. (2016)*

D-Frage: Definitionsfrage; B-Fragen: Beurteilugnsfragen

beispielsweise bei *Powerpoint* die Ablage des *B*canvas* auf der Mastervorlage-
nebene. Eine solche Datei wird dann versandt und alle können gleichzeitig daran
arbeiten oder ein Teilnehmender übernimmt die Moderatorenrolle, der auf Zuruf
der anderen die „digitalen" Zettel ausfüllt und den Elementen zuordnet. Dabei
teilt der Moderierende (z. B. in *zoom*) seinen Bildschirm, damit alle die Entwicklung des *B*canvas* live erleben können. Wichtig ist bei der Auswahl der konkreten
Lösung, dass zum einen darauf geachtet wird, dass diese im Firmenkontext
rechtlich erlaubt ist und damit der technische Zugriff aller Teilnehmer:innen
sichergestellt ist. Zum anderen sollten die Teilnehmer:innen alle einigermaßen
gut mit der jeweiligen Software vertraut sein, damit die Konzentration während
des digitalen Workshops sich mehr auf die Bearbeitung des *B*canvas* als auf
die Funktionalität der Software fokussiert. Daher bietet sich häufig *Powerpoint*
in Verbindung mit *Microsoft 365* an, da diese Lösung in vielen Unternehmen
verwendet wird und die meisten Mitarbeiter:innen diese Anwendung kennen.
Abb. 3.2 vergleicht zusammenfassend die drei empfohlenen Technologien.

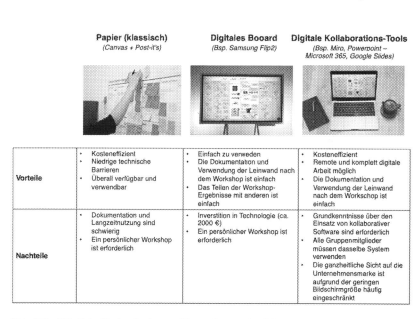

	Papier (klassisch) (Canvas + Post-it's)	**Digitales Booard** (Bsp. Samsung Flip2)	**Digitale Kollaborations-Tools** (Bsp. Miro, Powerpoint – Microsoft 365, Google Slides)
Vorteile	• Kosteneffizient • Niedrige technische Barrieren • Überall verfügbar und verwendbar	• Einfach zu verweden • Die Dokumentation und Verwendung der Leinwand nach dem Workshop ist einfach • Das Teilen der Workshop-Ergebnisse mit anderen ist einfach	• Kosteneffizient • Remote und komplett digitale Arbeit möglich • Die Dokumentation und Verwendung der Leinwand nach dem Workshop ist einfach
Nachteile	• Dokumentation und Langzeitnutzung sind schwierig • Ein persönlicher Workshop ist erforderlich	• Inverstition in Technologie (ca. 2000 €) • Ein persönlicher Workshop ist erforderlich	• Grundkenntnisse über den Einsatz von kollaborativer Software sind erforderlich • Alle Gruppenmitglieder müssen dasselbe System verwenden • Die ganzheitliche Sicht auf die Unternehmensmarke ist aufgrund der geringen Bildschirmgröße häufig eingeschränkt

Abb. 3.2 Mögliche Technologien zur Unterstützung des B*canvas

2. Materialien

Für ein sinnvolles Arbeiten mit dem *B*canvas* sind auch die Materialien und deren Umgang wichtig. Grundsätzlich gilt, dass der *B*canvas* bei der klassischen Variante in Papierform möglichst groß ausgedruckt werden muss, damit pro Element mindestens drei bis vier Post-its® Platz finden. In unseren eigenen Anwendungen verwenden wir folgende Materialien und Größen:

• Brand Canvas: mindestens 115 cm × 88 cm
• Klebezettel (ggf. in verschiedenen Farben): 7,5 cm × 7,5 cm oder 7,5 cm × 12,5 cm
• Stifte (schwarz, mitteldick)
• ggf. Abstimmungspunkte etc. für Beurteilungen

Wichtig ist auch, um die Flexibilität des *B*canvas* sicherzustellen, dass pro Klebezettel nur ein Argument aufgeschrieben wird. So können diese problemlos entfernt, anders angeordnet oder auch durch neue Klebezettel im Laufe oder auch im Anschluss des Workshops ersetzt werden.

3. Karten

Ein weiteres Tool für Workshops sind Karten zu den einzelnen Elementen. Diese wurden von uns entwickelt, da wir in mehreren Gruppen beobachtet haben, dass eine Präsentation und eine gleichzeitige Bearbeitung des gesamten Brand Canvas z. T. überfordern kann. Die Karten sind so konstruiert, dass auf der jeweiligen Vorderseite das Element durch eine Frage sowie Keywords definiert wird. Auf der Rückseite der Karte befinden sich dann entsprechende Schlüsselfragen zur Bewertung der Elemente. Darüber hinaus umfasst der Kartensatz einige Blankokarten, falls man selbstständig Elemente des *B*canvas* ergänzen und/oder verändern möchte. Weiterhin umfasst der Kartensatz ein paar „Regelkarten", die Ideen und Konzepte für konkrete *B*canvas*-Workshops zusammenfassen. Bei der Gestaltung dieses Zusatztools haben wir uns für ein Kartenformat entschieden, da dieses eine größere Flexibilität in der Reihenfolge der Bearbeitung ermöglicht. Abb. 3.3 zeigt einige Beispielkarten.

3.4   Ergänzende Tools

Der *B*canvas* kann, wie Kap. 4 vertiefen wird, für verschiedene Anwendungsgebiete eingesetzt werden. Typische Felder sind die Beschreibung und darauf aufbauend die Bewertung einer Marke sowie die Optimierung bzw. der Aufbau

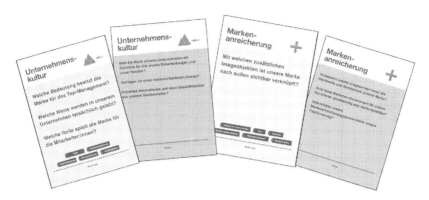

Abb. 3.3 Exemplarische B*canvas-Karten

einer Marke. Um die einzelnen Felder inhaltlich tiefer und fundierter zu füllen, bietet sich eine Vielzahl von Hilfstools an. Im Folgenden werden exemplarisch einige Tools vorgestellt, die wir selbst regelmäßig in unseren *B*canvas*-Projekten einsetzen.

1. Unternehmenskultur: Markenorientierung verstehen

Die Unternehmenskultur umfasst alle Werte, die im Unternehmen tatsächlich gelebt werden. Unstrittig ist in der Management- und Strategiediskussion, dass die Unternehmenskultur einen entscheidenden Beitrag zum Erfolg des Unternehmens sowie zur Umsetzung von Strategien und Maßnahmen leistet. Besonders prägnant drückt dies das Statement „Culture eats Strategy for Breakfast" aus, welches dem Strategievordenker Peter Drucker (z. B. Whitzman, 2016) zugeschrieben wird. Im Kontext von starken Marken wird insbesondere die Markenorientierung als eine spezielle Ausprägung der Unternehmenskultur für erfolgsversprechend angesehen (Urde, 1994, 1999). Dabei stellt die Markenorientierung zunächst einen Gegenentwurf zur häufig propagierten Markt- bzw. Kund:innenorientierung dar (z. B. Baumgarth et al., 2011), die sich durch eine konsequente Inside-Out-Orientierung mit der Marke und ihren Werten als Ausgangspunkt der gesamten Unternehmensführung auseinandersetzt. Um in der praktischen Anwendung den Grad der Markenorientierung zu beschreiben und zu bewerten, muss ein sinnvollvolles Modell und ein praktikabler Messansatz zum Einsatz kommen. Allerdings handelt es sich bei der Unternehmenskultur im Allgemeinen und der Markenorientierung im Speziellen um „weiche" Faktoren, die auch häufig der Führungsebene und den

Mitarbeiter:innen nicht vollständig bewusst sind. Bewährt hat sich ein Modell, welches aufbauend auf dem Unternehmenskulturmodell nach Schein (1999, 2004) mehrere Ebenen der Markenorientierung unterscheidet. Abb. 3.4 zeigt das Modell im Überblick.

Die Messung der vier Bausteine kann im konkreten Fall durch halbstrukturierte Interviews mit Unternehmensangehörigen erfolgen. Aufgrund des sog. Key Informant Bias wird dabei empfohlen, mehrere Personen aus dem Management und der Belegschaft unabhängig zu befragen. Die genaue Anzahl an Personen orientiert sich optimalerweise an dem Prinzip der theoretischen Sättigung, d. h. es werden solange Interviews geführt bis ein klares Bild vorliegt und zusätzliche Interviews keine neuen Erkenntnisse erwarten lassen. Alternativ und/oder ergänzend dazu kann auch eine quantitative Messung über eine standardisierte Skala zum Einsatz kommen. Tab. 3.4 fasst eine solche empirisch validierte Skala für B-to-B-Marken zusammen (ähnliche Skalen liegen für Kultur- und Medienmarken vor, Baumgarth, 2010a).

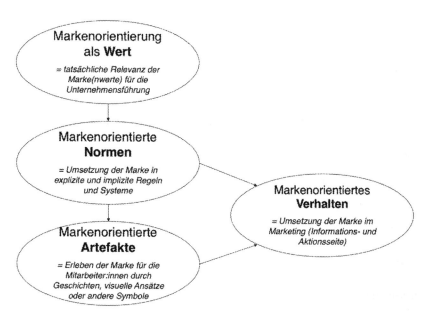

Abb. 3.4 Grundmodell der Markenorientierung

Tab. 3.4 Skala zur Messung der Markenorientierung. (Quelle: in Anlehnung an Baumgarth, 2010b)

Dimension	Frageitems
Markenorientierung als Wert	„In unserem Unternehmen werden Markenentscheidungen auf Top-Management diskutiert und entschieden." „Unsere Marke differenziert uns vom Wettbewerb." „Wir achten darauf, dass unsere Positionierung über einen langen Zeitraum konstant bleibt." „Wir achten darauf, dass unser Banding über einen langen Zeitraum konstant bleibt." „Wir investieren auch in wirtschaftlich schweren Zeiten in unsere Marke."
Markenorientierte Normen und Regeln	„Wir prüfen regelmäßig die Einhaltung unserer Corporate Design-Guideline." „In allen unseren Kommunikationsaktivitäten achten wir explizit auf die Einhaltung einer Integrierten Kommunikation." „Unser Unternehmen verfügt über eine explizit schriftlich festgelegte Markenpositionierung." „Unsere Marken-Manager:innen haben die Kompetenz und Macht, die Marke intern durchzusetzen." „Wir überprüfen regelmäßig die Differenzierung unserer Marke gegenüber den Wettbewerbsmarken."
Markenorientierte Symbole	„Unsere Mitarbeiter:innen tragen während des Kund:innenkontakts sichtbar unser Branding (z. B. Namensschild, „Uniform")." „Unsere Messestände drücken unsere Markenwerte aus." „Intern gibt es regelmäßige Meetings zum Thema Marke." „‚Geschichten' innerhalb unseres Unternehmens drücken die Markenwerte aus."
Markenorientiertes Verhalten	„Wir investieren in klassische Markenkommunikation." „Wir schulen unsere Mitarbeiter:innen zum Thema Marke." „Beim Onboarding neuer Mitarbeiter:innen werden auch das Thema Marke und unsere Markenwerte vermittelt." „Wir führen regelmäßig Marktforschung durch, um den Status-quo unserer Marke zu ermitteln."

2. Markenkontaktpunkte: Markenbasiert User Experience (UX) evaluieren

In den letzten Jahren wurde insbesondere im digitalen Umfeld besonders stark auf die User Experience (UX) abgestellt (allg. z. B. Goodman et al., 2012). Ein Instrument zur Messung dieser User Experience wird auch als UX-Testing bezeichnet. Dabei wird i. d. R. versucht durch die Kombination verschiedener Methoden das Kund:innenerlebnis für einen Kontaktpunkt zu erheben, um darauf aufbauend Verbesserungsmaßnahmen abzuleiten. Dabei ist in der Literatur und in der Praxis häufig unklar, was überhaupt das Kund:innenerlebnis umfasst. Im Rahmen des *B*canvas* bietet es sich an, die UX-Idee auf alle Markenkontaktpunkte zu erweitern und durch den Aspekt der Marke zu ergänzen. Abb. 3.5 zeigt einen solchen Bezugsrahmen für ein markenbasiertes UX-Testing, welcher auf einem klassischen Bezugsrahmen der *Nielsen Norman Group* aufbaut.

Die vier Ebenen sind nicht unabhängig voneinander, sondern betonen unterschiedliche Aspekte der subjektiven Beurteilung des jeweiligen Markenkontaktpunktes. Die vier Ebenen beantworten die folgenden Fragen:

- Nützlichkeit: Der Markenkontaktpunkt ist für mich als Nutzer:in grundsätzlich nutzbar.
- Benutzerfreundlichkeit (Usability): Ich kann den Markenkontaktpunkt leicht nutzen.
- Attraktivität (emotionales Erlebnis): Mir gefällt der Markenkontaktpunkt.
- Markenerlebnis: Der Markenkontaktpunkt erfüllt meine Markenerwartungen.

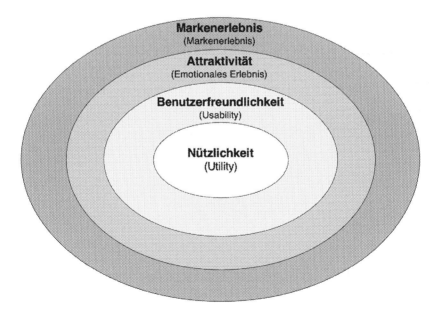

Abb. 3.5 Bezugsrahmen „MarkenbasiertesUX-Testing". (Quelle: in Anlehnung an Jacobsen & Meyer, 2017, S. 36)

Dieser Bezugsrahmen kann prinzipiell für jeden Markenkontaktpunkt (z. B. Produkt, Verpackung, Website, App, E-Commerce-Shop, Pop-up-Store) als Orientierung dienen. Aufgrund des notwendigen zeitlichen und finanziellen Aufwands empfiehlt es sich, ein markenbasiertes UX-Testing nur für zentrale Markenkontaktpunkte der Customer Journey durchzuführen. Es würde den Umfang dieses *essentials* sprengen, die verschiedenen Methoden des UX-Testing vorzustellen und zu vergleichen (ausführlich z. B. Jacobsen & Meyer, 2017, S. 177 ff.; Sarodnick & Brau, 2016). Tab. 3.5 fasst einige sinnvolle Methoden und Tools für die verschiedenen Ebenen zusammen.

3. Markenstärke (öffentlich): Mit der Sentimentanalyse am Puls der öffentlichen Meinung

Immer mehr Kommunikation von und über eine Marke erfolgt digital und speziell in Social Media. Die Kommunikation über eine Marke von Kund:innen, Blogger:innen, Influencer:innen etc. kann daher als Indikator für die öffentliche Markenstärke dienen. Die Auswertung von Social Media-Kommunikation über die eigene Marke ist jedoch nur dann sinnvoll, wenn es sich um eine etablierte und relativ große Marke handelt, über die sich Nutzer:innen auf Social Media-Kanälen regelmäßig unterhalten. Nur dann ist genügend „Material" für eine aussagekräftige Sentimentanalyse vorhanden. Eine solche Sentimentanalyse ist auch valide, obwohl bekannt ist, dass sich nur eine relativ kleine Anzahl von Menschen aktiv an der Kommunikation in Social Media beteiligt. Nach einem klassischen Ansatz nehmen nur rund 10 % aller Nutzer:innen aktiv an der Content-Gestaltung im Netz teil, wobei nur 1 % regelmäßig Content kreieren (Nielsen, 2006) und Meinungen im Netz eher einem u-förmigen Verlauf folgen, d. h. es äußern sich insbesondere sehr zufriedene und sehr unzufriedene Personen im Netz (Anderson, 1998). Doch gerade für Marken, die auf Social Media regelmäßig Beachtung finden, liefern insbesondere der Vergleich im Zeitverlauf sowie relative Vergleiche mit Wettbewerbern eine schnelle, kostengünstige und hilfreiche Abschätzung der öffentlichen Markenstärke.

Um die Social Media-Inhalte auszuwerten und als Indikator für die öffentliche Markenstärke zu nutzen, bietet sich im einfachsten Fall die Bestimmung des sog. Sentimentwertes an. Dabei werden entweder automatisiert oder durch eine manuelle Inhaltsanalyse Texte aus den Social Media-Kanälen, welche die Marke erwähnen, nach folgendem Schema ausgewertet:

$$\text{Sentimentwert} = \frac{\text{positive-negative Nennungen}}{\text{alle Nennungen}}$$

Tab. 3.5 Methodische Hinweise zum „Markenbasierten UX-Test"

Ebene	Methoden und Vorgehensweisen	Tools & Quellen
Nützlichkeit	Technisch-objektive Prüfung (z. B. Ladezeit einer Website; Mystery Shopping zur Messung der Servicegeschwindigkeit) Wahrnehmung der „objektiven" Produktqualität (Blindtest)	Google Page Speed Insights (https://developers.google.com/speed/pagespeed/insights/)
Benutzerfreundlichkeit (Usability)	Proband:in wird mit konkreten Aufgaben konfrontiert und dabei im Labor beobachtet (z. B. Eye Tracking-Video-Kamera) und standardisiert befragt. Häufig bietet es sich an, die (technische) Beobachtung und Befragung durch die qualitative Methode „Protokolle des lauten Denkens" (Thinking-aloud-Methode) zu ergänzen.	Eye Tracking-Lösungen für remote, mobil und Virtual Reality (z. B. https://www.tobiipro.com) Standardisierte UX-Fragebögen: User Experience Questionnaire (UEQ, Laugwitz et al., 2008; https://www.ueq-online.org); Website Analysis and Measurement Inventory (WAMMI, http://www.wammi.com/index.html) Protokolle des lauten Denkens: z. B. Alhadreti & Mayhew (2018)
Attraktivität und emotionales Erlebnis	Proband:in füllt nach der Erledigung der Aufgaben einen standardisierten Fragenbogen aus. Ergänzt werden kann diese Messung durch eine kontinuierliche Messung der Aktivierung durch Hautwiderstandsmessung und Emotionsmessung durch Gesichtserkennungssoftware.	UEQ und WAMMI (s. Benutzerfreundlichkeit) enthalten auch Attraktivitätsdimensionen Aktivierungs- und Emotionsmessung durch Gesichtserkennung können durch Softwareplattformen in einem System (inkl. Eye Tracking) integriert werden (z. B. *iMotions,* https://imotions.com) Brand Experience-Skala: Brakus et al. (2009)

(Fortsetzung)

Tab. 3.5 (Fortsetzung)

Ebene	Methoden und Vorgehensweisen	Tools & Quellen
Marke	Proband:in füllt nach Erledigung der UX-Aufgaben einen standardisierten Fragebogen zum Markenerlebnis aus. Um den Fit zwischen Markenpositionierung und Wahrnehmung des jeweiligen Markenkontaktpunktes zu prüfen, bietet sich eine Imagemessung mithilfe des Impliziten Assoziationstests an. Alternativ können auch klassische Imagebatterien eingesetzt werden, wobei die Itemliste sowohl die markenspezifischen als auch allgemeinen Werte (z. B. Wettbewerber, Kategorienmerkmale) und Attribute umfassen sollte.	Markenpersönlichkeitsskala: Aaker (1997); Herbst & Voeth (2018) Impliziter Assoziationstest: allg. Niemand et al. (2014); Software: z. B. https://www.millisecond.com

Ein Sentimentwert größer als Null ist ein Indikator für eine positive Stimmung in Bezug auf die Marke in der digitalen Welt (Social Media, Blogs, Foren, Plattformen etc.), ein negativer Wert charakterisiert eine negative Stimmung. Die Bestimmung des Sentimentwertes erfolgt heute überwiegend über entsprechende Softwarelösungen, die auch als Social Listening-Tools bezeichnet werden. Diese Lösungen basieren entweder auf entsprechenden linguistischen „Wörterbüchern" mit Listen von positiven und negativen Signalwörtern oder auf einem selbstlernenden Ansatz der Künstlichen Intelligenz (z. B. Kübler et al., 2020; Liu, 2020). Professionelle Lösungen sind u. a. *Wordstat* (https://provalisr esearch.com/products/content-analysis-software/), *Talwalker* (https://www.talkwa lker.com/de), *Brandwatch* (https://www.brandwatch.com/de/), *Hootsuite* (https:// www.hootsuite.com/de/) oder *Meltwater* (https://www.meltwater.com/de). Auch die Globalbeurteilungen auf E-commerce- oder Bewertungs-Plattformen wie *amazon, booking.com, kununu* oder *Glassdoor* können insbesondere im Vergleich mit Wettbewerbern als Indikatoren für Sentiment Verwendung finden.

Diese Kennzahlenauswertung kann und sollte ergänzt werden durch eine inhaltsanalytische Auswertung der Themen, die im Kontext der Marke im Netz diskutiert werden. Dazu bietet es sich an, entsprechende Bewertungen, Kommentare etc. über die Marke zu extrahieren und nach dem Import in einer Software für qualitative Inhaltsanalyse wie z. B. *Atlas.ti* (https://atlasti.com/de/) oder *MAXQDA* (https://www.maxqda.com/) auszuwerten. Falls die Anzahl an Kommentaren sehr hoch ist, kann eine Zufallsauswahl von Beiträgen und eine zeitliche Einschränkung angeraten sein. Weiterhin gibt es erste Ansätze, die neben Texten auch weitere Medien wie Bilder und Videos, welche die Marke enthalten, automatisiert auswerten.

4. Markenstärke (Nachfrage): Markenstärke-Index berechnen

Markenstärke ist ein vor-ökonomischer, teilw. auch als konsument:innenbasierter Markenwert bezeichneter Index, der die Gesamtwirkung einer Marke misst. Somit handelt es sich um eine zusammenfassende Kennzahl, welche die Vorteile einer (starken) Marke bei den Konsument:innen in den Köpfen erfasst. Diese Markenstärke ist regelmäßig auch die Basis für die Ermittlung des ökonomischen bzw. finanziellen Markenwertes (Markenwert i.e.S.). Auch wenn es bis heute keine Einigung über den „besten" Ansatz zur Messung der Markenstärke und des Markenwertes gibt, lassen sich aufbauend auf den Modellen von Aaker (1992), Keller (1993), Yoo & Donthu (2001) und GfK (Högl & Hupp, 2004) Dimensionen identifizieren, die häufig Berücksichtigung finden. Im Folgenden wird exemplarisch für Technologiemarken (ausführlich Baumgarth & Mutze, 2018) ein solcher Ansatz skizziert, der die grundsätzliche Vorgehensweise zur Bestimmung der Markenstärke verdeutlicht. Um die Markenstärke für Technologiemarken auf B-to-C-Märkten zu messen, wurden zunächst drei qualitative Studien mit Konsument:innen und Expert:innen durchgeführt. Dies führte zu einer Ermittlung von fünf Dimensionen, die branchenübergreifend die Markenstärke von Technologiemarken ausmachen. Dies fünf Dimensionen waren die Markenbekanntheit, die wahrgenommene Qualität, die Markentreue, die Markenfaszination sowie die Innovationskraft. Anschließend wurden diese Dimensionen mit Ausnahmen der Markenbekanntheit durch Multi-Item-Skalen operationalisiert und in einer bevölkerungsrepräsentativen Studie mit 1218 Personen und 4757 Markenbewertungen eingesetzt. Durch ein Strukturgleichungsmodell konnte das Modell der Technologiemarkenstärke mit fünf Dimensionen grundsätzlich bestätigt werden und die Anzahl der Items auf zwölf Items reduziert werden. Zusammen mit den Expert:innenschätzungen und den empirisch ermittelten Gewichten wurde dann eine finale Gewichtung der fünf Dimensionen für die Gesamtmarkenstärke bestimmt (vgl. Abb. 3.6).

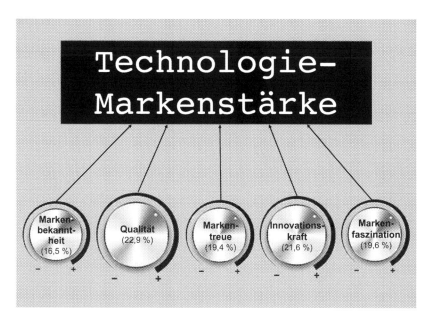

Abb. 3.6 Technologiemarkenstärke-Modell B-to-C. (Quelle: Baumgarth & Mutze, 2018, S. 197)

Aufbauend auf diesen Gewichten in Verbindung mit den Ergebnissen zur Ausprägung der fünf Dimensionen für 61 Technologiemarken aus der Konsument:innenbefragung konnte für jede Marke die jeweilige Markenstärke bestimmt werden. Die Marken *Samsung, Bosch, Bose, amazon* und *Google* gewannen in absteigender Reihenfolge das Ranking. Dieser spezielle für Technologiemarken entwickelte Ansatz ist nicht auf alle Produkt- und Leistungskategorien übertragbar, verdeutlicht aber die grundsätzliche Vorgehensweise zur Bestimmung der Markenstärke.

In diesem Kapitel werden vier verschiedene Anwendungsfälle des *B*canvas* vorgestellt, welche die Flexibilität des Tools verdeutlichen.

4.1 Marke beschreiben und verstehen: *Werkhaus-Case*

Die erste Anwendung ist die Nutzung des *B*canvas* für die Beschreibung und das Grundverständnis von bestehenden Marken. Diese Anwendung kann die Basis für (interne oder externe) Markenprojekte sein, da der *B*canvas* ein gemeinsames Verständnis für den Status Quo einer Marke unterstützt. Darüber hinaus stellt die Struktur des *B*canvas* sicher, dass alle Mitglieder des Projektteams verstehen, dass Markenführung mehr ist als der Markenname, das Logo und die Kommunikation. Das Ziel der ersten Anwendung ist die systematische und ganzheitliche Beschreibung einer Marke, d. h. es findet keine Bewertung statt.

Zur Illustration dieser ersten praktischen Anwendung dient das Unternehmen *Werkhaus* mit der entsprechenden Dachmarke *Werkhaus* (www.werkhaus.de). Diese Marke wurde gewählt, weil es sich um ein mittelständisches Unternehmen mit mittlerer Komplexität handelt, was die Darstellung des *B*canvas* dieser Marke im Rahmen dieses *essential* erleichtert. Außerdem kennt der Autor die Marke und die Eigentümerfamilie gut, was einen Zugang zu internen Informationen ermöglichte. Die Fallstudie basiert auf öffentlich zugänglichen Materialien (z. B. Nachhaltigkeitsbericht, Katalog, Website, Social-Media-Kanäle), eigenen Beobachtungen (z. B. Läden, Produktion und Zentrale), internen Materialien (z. B. Fotos) und einem Interview mit Eva und Holger Danneberg. Die Firma und Marke *Werkhaus* wurde 1992 von Eva und Holger Danneberg gegründet und hat ihren Sitz in Bad Bodenteich (Deutschland). Das Unternehmen produziert hauptsächlich aus mitteldichten Faserplatten (MDF) in E1-Qualität verschiedene

Produkte für den Büro- und Wohnbereich, Spielwaren und Displays für Handel und Messen. Die erste Produktkategorie umfasste im Jahr 1992 Kaleidoskope. Dieses Produkt wird auch heute noch produziert und verkauft. Heute bildet jedoch der B-to-B-Bereich (Displays für den Handel, Messebau) mit einem Umsatzanteil von ca. 65 % das Hauptbetätigungsfeld des Unternehmens. Das Unternehmen startete 1992 mit 15 Mitarbeitenden. Im Jahr 2022 beschäftigt das Unternehmen rund 200 Personen. Abb. 4.1–4.3 zeigen den ausgefüllten *B*canvas* mit den wichtigsten Informationen zur Unternehmensmarke *Werkhaus*.

4.2   Marke evaluieren und verbessern: Markenaudit

Das Markencontrolling als informatorische Basis einer professionellen Markenführung ist insgesamt ein sowohl in der Markenwissenschaft als auch in der Praxis stark vernachlässigter Bereich. Dies führt auch dazu, dass sich die Markenführung und das nachgelagerte markenorientierte Marketing in vielen Unternehmen seit Jahren in einer Legitimationskrise befinden. Ohne „harte" Zahlen ist die interne Akzeptanz auf der obersten Managementebene und damit der Einfluss von Markenführung und Marketing stark gefährdet. Trotz der immer wieder postulierten Betonung des unternehmensweiten Philosophieanspruchs von Marketing („Marktorientierung" – „Kunde ist König") und Marke („Markenorientierung") beschränkt sich das Aufgabenspektrum der Markenführung in der Unternehmenspraxis häufig auf die Kommunikation. Dieser Bedeutungsverlust ist in der Literatur hinreichend thematisiert und empirisch belegt worden (z. B. Verhoef et al., 2009, 2011; Homburg et al., 2015).

Marken- und Marketingabteilungen versuchen daher zunehmend, ihre Aktivitäten messbar und mit Kennzahlen vergleichbar zu machen. Dieses Anliegen unterstützt die Digitalisierung seit einigen Jahren, indem sie eine Vielzahl „harter" Key Performance Indicators (KPIs) wie Visits oder Conversion Rates fast automatisch im Rahmen der zugehörigen Tools wie der eigenen Website, Social-Media-Anwendungen, Marketing-Automation etc. bereitstellt. Diese performanceorientierten KPIs sind jedoch meist kampagnenorientiert, kurzfristig angelegt und auf einzelne Marketingtools und Markenkontaktpunkte beschränkt. Ganzheitliche Handlungsfelder wie die Führung einer Marke lassen sich mit solchen KPIs kaum steuern. Die notwendige Entwicklung einer stärkeren Zahlenorientierung der Markenführung durch KPIs muss daher durch holistische Ansätze ergänzt werden.

Dieses Verhältnis zwischen detailorientierten KPIs und einer ganzheitlichen Betrachtung lässt sich metaphorisch durch die Kunst des US-Amerikaners *Phil*

Abb. 4.1 Beschreibung der Marke *Werkhaus* mithilfe des *B*canvas* – Markenpotentialfaktoren

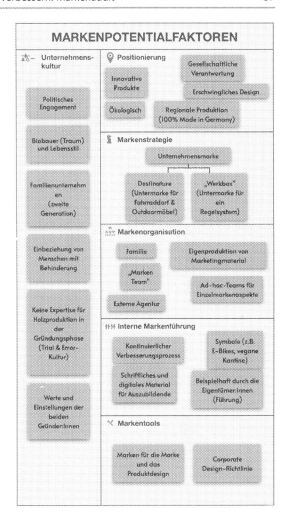

Hansen (*1979) veranschaulichen. Er ist ein Pointilist, d. h. seine Kunstwerke zeichnen sich dadurch aus, dass sie aus einer unendlichen Anzahl von Punkten bestehen. Betrachtet man ein solches Kunstwerk aus der Nähe, sieht der Betrachter nur einzelne Punkte. Je weiter man sich von dem Kunstwerk entfernt, desto deutlicher zeichnet sich ein Gesamtbild ab. So schuf *Phil Hansen* 2014 mithilfe

Abb. 4.2 Beschreibung der
Marke *Werkhaus* mithilfe
des *B*canvas*
– Markenkontaktpunkte

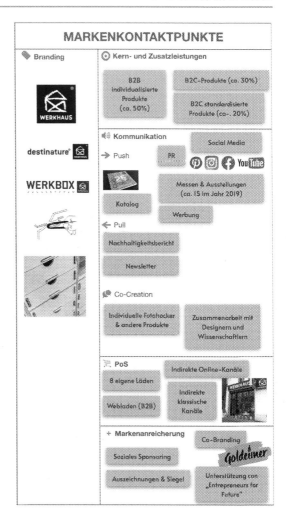

von elektroinduzierten Verbrennungen ein Porträt des serbischen Erfinders *Nikola Tesla* (vgl. Abb. 4.4).

Dieses Kunstwerk veranschaulicht metaphorisch die Beziehung zwischen Kennzahlen und einem ganzheitlichen Markencontrolling. Markenführung kann sich nicht nur auf einzelne Zahlen verlassen, sondern erfordert auch eine Gesamtbetrachtung aus der „Ferne". Auch wenn dadurch die einzelnen Punkte unscharf

Abb. 4.3 Beschreibung der Marke *Werkhaus* mithilfe des *B*canvas* – Markenperformance

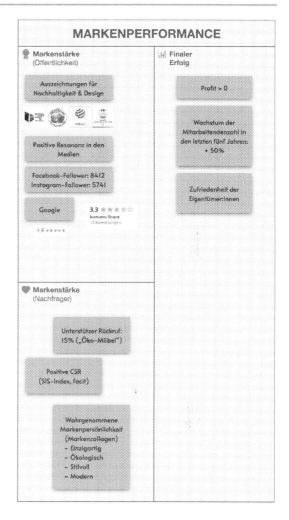

werden und die Genauigkeit abnimmt, wird erst dadurch das Gesamtbild sichtbar. Eine solche ganzheitliche Sicht auf die Unternehmensmarke wird durch ein Markenaudit ermöglicht. Historisch gesehen können Markenaudits als eine Weiterentwicklung von Marketingaudits gesehen werden. Eine klassische Definition von Marketingaudits stammt von Kotler et al. (1977, S. 27):

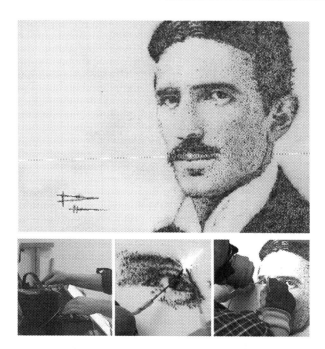

Abb. 4.4 Tesla Electrical Burns von Phil Hansen als Metapher von KPIs und Markenaudit. (Quelle: Hansen 2014)

„Ein Marketingaudit ist eine umfassende, systematische, unabhängige und periodische Untersuchung des Marketingumfelds, der Ziele, Strategien und Aktivitäten eines Unternehmens – oder einer Geschäftseinheit – mit dem Ziel, Problembereiche und Chancen zu ermitteln und einen Aktionsplan zur Verbesserung der Unternehmensleistung zu empfehlen."

Wichtige Merkmale von Marketingaudits sind die umfassende, systematische, unabhängige und im Zeitablauf wiederholte Beurteilung der Qualität des Marketings und die Ableitung von Verbesserungsvorschlägen auf Basis dieser Beurteilung. Diese charakteristischen Merkmale bildeten auch den Ausgangspunkt für die Entwicklung einer Definition von Markenaudits. Mit dem Perspektivenwechsel vom Marketing zur Markenführung und von der Markt- bzw. Kund:innenorientierung zur Markenorientierung (z. B. Urde et al., 2013) lassen

sich die Grundprinzipien von Marketingaudits auf den Bereich der Marke übertragen. Demnach kann ein Markenaudit wie folgt definiert werden (in Anlehnung
an Jenner, 2005, S. 200):

Ein Markenaudit ist eine umfassende, systematische, unabhängige und in Inter-
vallen wiederholte Beurteilung der Qualität der Markenführung und der Marke
verbunden mit der Ableitung von Verbesserungsmaßnahmen.
Ein solches Markenaudit erfüllt die folgenden Funktionen:

1. Identifikation und Reduktion von Schwachstellen der Marke
2. Identifikation von Möglichkeiten zur Stärkung und/oder zum Wachstum der
   Marke
3. Förderung von Lernprozessen im Unternehmen
4. Denken in Zusammenhängen sowie abteilungsübergreifendes Verstehen und
   Handeln.

Kern eines jeden Markenaudits ist ein Markenmodell, das die wichtigsten Facetten einer Marke holistisch abbildet. Dieses Markenmodell kann durch den
B*canvas bereitgestellt werden, welcher den Kern eines Markenaudits dar-
stellt. Neben der reinen Beschreibung der Marke mithilfe des *B*canvas* (siehe
Abschn. 4.1) müssen im Rahmen des Markenaudits die einzelnen Elemente
bewertet werden, um Stärken und Schwächen zu identifizieren. Hierfür hat sich
in der Praxis eine Methodik mit den folgenden Merkmalen bewährt (für Details
siehe Baumgarth et al., 2014, 2016):

- Bildung einer externen Markenaudit-Gruppe mit unterschiedlicher Expertise
  (z. B. Markenführung, Personalmanagement, Branchenwissen, Design und
  Layout)
- Ableitung von 6–7 Bewertungskriterien pro Element des *B*canvas* (insgesamt
  in der Regel ca. 70–100 Kriterien)
- Entwicklung von Skalen für jedes Bewertungskriterium als Basis für ein
  Scoring-Modell (siehe exemplarisch Tab. 4.1 für zwei Indikatoren)
- Gewichtung der Kriterien und Elemente durch die externe Auditgruppe
- Erhebung von qualitativen und quantitativen Daten (Primär- und Sekundärfor-
  schung, Mixed-Methods-Ansatz, Triangulation der Daten)
- Bewertung der einzelnen Kriterien und Dokumentation der Begründung (siehe
  letzte Spalte in Tab. 4.1).
- Berechnung der Werte für die Elemente, Dimensionen und die Gesamtmarke.

Tab. 4.1 Exemplarisches Arbeitsblatt für ein B*canvas-basiertes Markenaudit

	Die Marke X ...	100 % (positiv)	75 %	50 %	25 %	0 % (negativ)	Quellen & Begründung
...							
Element 3: Markenstrategie (Markenpotentialfaktoren)							
Stärkung der Dachmarke	... bietet alle Produkte und Services mit einer direkten und starken Verbindung zur Dachmarke an	Alle Produkte und Services unter dem Dach der Dachmarke	Alle Produkte und Services weisen einen direkten Link zur Dachmarke auf	Der überwiegende Teil Produkte und Services weisen einen direkten Link zur Dachmarke auf	Die meisten Produkte und Services weisen einen schwachen Link zur Dachmarke auf	Mehr oder weniger alle Produkte und Services agieren ohne direkten Link zur Dachmarke	
...							
Element 13: Markenstärke (Kund:in) (Markenperformance)							
Marken–bekanntheit	... ist sehr bekannt (ungestützt) auf dem relevanten Markt	Höchste ungestützte Bekanntheit auf dem Markt	Führend beim ungestützten Bekanntheitsgrad mit max. zwei anderen Marken	Unter den Top 30 % bezogen auf den ungestützten Bekanntheitsgrad	Unter den Top 75 % bezogen auf den ungestützten Bekanntheitsgrad	Fast nicht bekannt auf dem Markt	
...							

4.3   Marke neu entwickeln: Start-ups & Co

Im digitalen Umfeld, aber auch in traditionellen Bereichen wie Lebensmit-
teln, Mobilität oder Bekleidung entstehen derzeit neue Unternehmen, die als
Start-ups ebenfalls regelmäßig explizit oder häufiger implizit eine Marke aufbauen. Während das Thema Marke noch vor Jahren von Gründer:innen und
Start-ups als wenig wichtig erachtet wurde (z. B. Rode, 2004), erkennen diese
zunehmend die strategische Relevanz der Marke für den Markterfolg, für die
Investor:innensuche und den Exit sowie für das Employer Branding (z. B. Rus
et al., 2018; Konecnik & Ruzzier, 2015; Bresciani & Eppler, 2010). Allerdings fehlt diesen Unternehmen oft ein tiefes Verständnis für die Komplexität
und Ganzheitlichkeit der Markenführung aufgrund des Hintergrunds des Grün-
dungsteams (z. B. IT, Technologie) sowie der Kontextfaktoren des Start-ups wie
Investor:innen und Start-up-Philosophien (z. B. Lean-Startup-Ansatz, Ries, 2011)
(z. B. Rode & Vallaster, 2005). Das Start-up-Team steht zudem häufig vor der
Herausforderung der Zeitknappheit, da gleichzeitig alle Bereiche geplant und
umgesetzt werden müssen und die Markenführung daher in vielen Fällen eine
geringe Priorität aufweist (z. B. Wong & Merrilees, 2005). Dies führt regelmäßig dazu, dass Start-ups ihre Marken-Assets (z. B. Name, Logo) mehrfach
ändern, zu viele Marken gleichzeitig aufbauen, das Potenzial ihrer Geschäfts-
idee nicht voll ausschöpfen oder am Ende sogar scheitern. Der *B*canvas* kann
Start-ups dabei helfen, ihre Marke auch ohne jahrzehntelange Erfahrung in Branding und Marketing systematisch zu konzipieren und umzusetzen. Darüber hinaus
ist der *B*canvas* flexibel, um zukünftige Anpassungen und Entwicklungen zu
berücksichtigen, die für Start-ups typisch sind (z. B. Sommer et. al., 2009). Im
Gegensatz zu den beiden zuvor vorgestellten Anwendungsfeldern geht es hier um
die Entwicklung von etwas Neuem. Hierfür bieten sich insbesondere zwei Formate an: 1) „Sprint" und 2) „Living Document". In Anlehnung an den *Google
Sprint* (z. B. Knapp, 2016) kann die Entwicklung eines Markenkonzepts mithilfe
des *B*canvas* in einem 3–4-stündigen Workshop organisiert werden, in dem die
einzelnen Aufgaben zeitlich sehr eng getaktet sind (sog. Timeboxing) und der
Fokus eher auf der Fertigstellung als auf Perfektion im Detail liegt. Neben klaren
und kurzen Zeitintervallen für die einzelnen Aufgaben sowie dem Einsatz von
einem oder einer Moderator:in bietet es sich dabei an, einer oder einem der Teilnehmenden die Rolle des Entscheiders zuzuordnen. Diese Entscheider-Rolle ist
dafür verantwortlich, Inhalte der *B*canvas*-Felder festzulegen, wenn die Gruppe
sich innerhalb der jeweiligen Zeitintervalle nicht einigen kann.

Im Kontrast dazu geht es beim „Living Document"-Ansatz darum, den
B*canvas über einen längeren Zeitraum zu nutzen und zu entwickeln. Dies

kann z. B. dann sinnvoll sein, wenn einzelne Elemente wie Markenpositionierung, Branding oder Markenanreicherung in vertiefenden Workshops entwickelt und/oder verändert werden. Oft ist es auch sinnvoll, beide Ansätze zu kombinieren, um in einem ersten Sprint einen Überblick und ein einheitliches Verständnis der Marke im Gründungsteam zu entwickeln und dann in Projekten und Workshops die offenen oder unklaren Elemente zu erarbeiten um den *B*canvas* im Laufe der Zeit zu vervollständigen oder zu verändern. In beiden Fällen ist es sinnvoll, den *B*canvas* so zu gestalten, dass dieser für alle Beteiligten immer sichtbar und verfügbar ist und Änderungen leicht vorgenommen werden können. Wie schon in Abschn. 3.3 beschrieben bieten sich dafür neben Papierausdrucken und Post-its® auch digitale Formate gut an.

4.4 Marke lehren: Projektseminar für die Hochschullehre und die Aus- und Weiterbildung

Ein letztes Anwendungsbeispiel des *B*canvas* ist der Einsatz in der universitären Lehre und in Managementtrainings. Der Autor setzt u. a. den *B*canvas* seit mehreren Jahren erfolgreich in Masterkursen zum Thema Markenmanagement ein. Dabei handelt es sich um eine Kombination aus klassischen Input-Sessions und einem Studierendenprojekt. In einem einsemestrigen Kurs mit zwölf Wochen (mit jeweils vier Semesterwochenstunden) hat sich die in Tab. 4.2 dargestellte Abfolge als sinnvoller Rahmen bewährt.

Um die Realitätsnähe der universitären Ausbildung zu erhöhen sowie die Motivation, den Spaß und das Engagement der Studierenden zu steigern, bietet es sich an, für diesen Kurs mit Firmen zu kooperieren. Diese lassen ihre Marke durch den *B*canvas* und ein Markenaudit (siehe Abschn. 4.2) bewerten und stehen den Studierendengruppen mit Hintergrundmaterialien und für Interviews zur Verfügung. Darüber hinaus unterstreichen die Projektpartner:innen durch ihre Anwesenheit bei der Abschlusspräsentation (12. Woche) und direktes Feedback an die Gruppen die Bedeutung der studentischen Projekte für die Firmen. Um die studentischen Gruppen in Bezug auf Komplexität und Ressourcen (Zeit, Personal) nicht zu überfordern, empfiehlt es sich, mittelgroße Marken als Projektmarken auszuwählen. Es hat sich ebenso als sinnvoll erwiesen, eine „Branche" (z. B. Nachhaltigkeits- oder Technologiemarke) als übergreifendes Thema des Kurses zu wählen, da dies eine Reduktion der theoretischen Inhalte zur Markenführung (Woche 1–4) ermöglicht.

Tab. 4.2 Exemplarischer Zeitplan für einen einsemestrigen Masterkurs „Markenmanagement by *B*canvas*"

Woche(n)	Inhalt	Format
1	Überblick und Präsentation von *B*canvas* 2.0 und Präsentation des Sektors und der Projektmarken, Gruppenbildung (optimale Gruppengröße: 5–6 Studierende)	Vorlesung
2	Theoretischer Hintergrund zur Markenpotentialfaktoren*	Vorlesung
3	Theoretischer Hintergrund zu Markenkontaktpunkten*	Vorlesung
4	Theoretischer Hintergrund zur Markenperformance*, Beschreibung der ausgewählten Projektmarke mithilfe des *B*canvas*	Vorlesung & Gruppenarbeit
5–6	Entwicklung einer Markenprüfungsmethode auf Basis des *B*canvas*	Coaching & Gruppenarbeit
7–9	Sammlung von Daten zur Bewertung der Marke (z. B. Interviews mit dem Management, Sekundärforschung, Sentimentanalyse, Kundenbefragung usw.)	Coaching & Gruppenarbeit
10	Durchführung des Markenaudits und Ermittlung von Stärken und Schwächen	Gruppenarbeit
11	Entwicklung von Ideen zur Verbesserung der Projektmarke	Gruppenarbeit
12	Abschlussveranstaltung mit der Präsentation (TED Talk-Format, Anderson 2016) vor den Markenmanager:innen der Projektmarken und direktem Gruppenfeedback durch die Unternehmen	Plenumveranstaltung

*Tab. 3.1 - Tab. 3.2 fassen wichtige Unterthemen zusammen und empehlen einige ausgewählte Referenzen für den Dozierenden und als Grundlage für das Selbststudium

Zusammenfassung und Ausblick 5

Markenführung darf nicht länger als reine Kommunikations- und Designaufgabe verstanden werden, sondern als Zusammenspiel vieler Zahnräder, die wie bei einer guten mechanischen Uhr reibungslos ineinandergreifen müssen. Um dieser Vielzahl und Vielfalt von Elementen der Marke Rechnung zu tragen, werden Werkzeuge benötigt, die einerseits eine ganzheitliche und systematische Betrachtung ermöglichen, andererseits aber nicht zu detailliert und komplex sind. Dieses *essential* hat mit dem *B*canvas* ein solches Tool vorgestellt, das auf den Grundprinzipien des *Business Model Canvas*-Ansatzes aufbaut. Der *B*canvas* unterteilt die Markenführung für Marken in die drei Dimensionen Markenpotentialfaktoren, Markenkontaktpunkte und Markenperformance mit insgesamt 14 Elementen. Das Tool, das sich seit Jahren in der praktischen Markenarbeit und in der Weiter- und Ausbildung bewährt hat, kann in verschiedenen Bereichen praktisch eingesetzt werden. Dieses *essential* skizzierte vier Anwendungsbereiche: 1) Beschreibung und gemeinsames Verständnis einer Marke, 2) Bewertung einer Marke durch ein Markenaudit, 3) Entwicklung einer Marke für Start-ups sowie 4) Rahmen für einen Masterkurs „Markenmanagement".

Obwohl das vorgestellte Tool holistisch, auch für Nicht-Spezialisten im Bereich Branding und/oder Marketing leicht verständlich, kostenlos verfügbar und flexibel einsetzbar ist, liefert es nur einen ersten Überblick über die Marke. Daher ist es sinnvoll, dieses Werkzeug mit anderen Tools für detailliertere Analysen zu kombinieren, wie auch im Abschnitt über die Tools (vgl. Abschn. 3.4) angedeutet wurde.

Darüber hinaus ist es wichtig zu verstehen, dass der vorgeschlagene *B*canvas* vor der konkreten Anwendung oft noch um Elemente erweitert und reduziert werden muss, um die Besonderheiten der jeweiligen Marke (z. B. Unternehmensmarke vs. Produktmarke; Marke für den Absatzmarkt oder Employer Branding) sowie des Markenkontextes (z. B. B-to-C vs. B-to-B) zu berücksichtigen. So

C. Baumgarth, *Markentools I: Brand Canvas,* essentials, https://doi.org/10.1007/978-3-658-38232-2_5

kann es z. B. bei vielen B-to-B-Marken sinnvoll sein, den Vertrieb als wichtigsten Markenkontaktpunkt als zusätzliches Element einzubeziehen und dafür gegebenenfalls das Element PoS zu eliminieren, da die meisten B-to-B-Marken einen Direktvertrieb verfolgen.

Der *B*canvas* ist als ein Werkzeug zur gemeinsamen Diskussion, Bewertung und Entwicklung im Team zu verstehen. Er liefert kein „mathematisches Optimierungsmodell", das automatisch zu einer guten Markenführung führt. Schließlich wurde das Tool für Unternehmensmarken bzw. zumindest für Marken mit einem umfassenden Produkt- und Dienstleistungsangebot entwickelt, bei denen Elemente wie Unternehmenskultur oder interne Markenführung eine zentrale Rolle spielen. Für Unternehmen mit vielen unabhängigen Produktmarken ohne direkten Bezug zur Unternehmensmarke ist der *B*canvas* in der vorgestellten Form nur bedingt geeignet bzw. muss stärker angepasst werden.

Was Sie aus diesem *essential* mitnehmen können

- Ein klares Konzept für moderne AutorInnen und LeserInnen
- Was wir benötigen und was Sie von uns erwarten können.
- Auch Ihr Beitrag kann schnell und modern umgesetzt werden.

Literatur

Aaker, D. A. (1991). *Managing brand equity*. The Free Press.

Aaker, D. A., & Joachimsthaler, E. (2000). *Brand leadership*. The Free Press.

Aaker, J. (1997). Dimensions of brand personality. *Jounral of Marketing Research, 34*(8), 347–356.

Ahmed, J., Rogge, R. D., Kline, W. A., Bunch, R. M., Mason, T. W., Wollowski, M., & Livesay, G. A. (2014). The innovation canvas: An instructor's guide. 121st ASEE Annual Conference & Exposition, 24.1229.1 – 24.1229.12

Alhadreti, O., & Mayhew, P. (2018). Rethinking thinking aloud: A comparison of three think-aloud protocols. In Association for Computing Machinery (Hrsg.), Proceedings of the 2018 CHI Conference on Human Factors in Computing Systems (S. 1–12).

Anderson, C. (2016). *TED talks – The official TED guide to public speaking*. Nicholas Brealey Publishing.

Anderson, E. W. (1998). Customer satisfaction and word of mouth. *Journal of Service Research, 1*(1), 5–17.

Arrese, Á., & Pérez-Latre, F. J. (2017). The rise of brand journalism. In G. Siegert, B. M. Rimscha, & S. Grubenmann (Hrsg.), *Commercial communication in the digital age information or disinformation?* (S. 121–140). De Gruyter.

Ati, L., Baga, L. M., & Satria, A. (2019). Business model canvas Non Government Organization (NGO) (Case Study: Rimbawan Muda Indonesia). *Indonesian Journal of Business and Entrepreneurship, 5*(1), 32–43.

Balmer, J. M. (2017). Corporate brand orientation: What is it? What of it? *Journal of Brand Management, 20*(9), 723–741.

Balmer, J. M. T., & Gray, E. R. (2003). Corporate brands: What are they? What of them? *European Journal of Marketing, 37*(7/8), 972–997.

Baumgarth, C. (2003). *Wirkungen des Co-Branding – Erkenntnisse durch Mastertechnikpluralismus*. DUV/Gabler.

Baumgarth, C. (2010). Markenorientierung: Konzept und empirische Ergebnisse. In W. Mayerhofer & M. Secka (Hrsg.), *Aktuelle Beiträge zur Markenforschung* (S. 3–25). Gabler.

Baumgarth, C. (2010). "Living the brand": Brand orientation in the business-to-business sector. *European Journal of Marketing, 44*(5), 653–671.

Baumgarth, C. (2014). *Markenpolitik: Markentheorien, Markenwirkungen, Markenführung, Markencontrolling, Markenkontext* (4. Aufl.). Springer Gabler.

Baumgarth, C. (2019). Brand Canvas: Hin zur ganzheitlichen Markenführung. *Markenartikel, 81*(1–2), 58–61.

Baumgarth, C. (2019). Management von Ingredient Branding. In F. R. Esch (Hrsg.), *Handbuch Markenführung* (Bd. 1, S. 435–458). Springer Gabler.

Baumgarth, C. (2021). KUK-Canvas für Künstler*innen – Ein Tool zur KUK-Sensibilisierung und Standortbestimmung. In R. Stroutchenkov-Krioukov & C. Baumgarth (Hrsg.), *Projektraum Mehrwert Kunst* (S. 32–37). P.M.K.

Baumgarth, C., & Douven, S. (2018). B-to-B-Markencontrolling: Überblick und Instrumente. In C. Baumgarth (Hrsg.), *B-to-B-Markenführung* (2. Aufl., S. 761–787). Springer Gabler.

Baumgarth, C., & Kastner, O. L. (2012). Pop-up-Stores im Modebereich: Erfolgsfaktoren einer vergänglichen Form der Kundeninspiration. *Marketing Review St. Gallen, 29*(5), 34–45.

Baumgarth, C., & Mutze, S. (2018). Leitlinie Markenstärkemessung: Diskutiert am Beispiel Technologiemarken-Ranking B-to-C (2016). In C. Baumgarth & H. J. Schmidt (Hrsg.), *Forum Markenforschung 2016* (S. 183–206). Springer Gabler.

Baumgarth, C., & Sandberg, B. (Hrsg.). (2016). *Handbuch Kunst-Unternehmens-Kooperationen*. Transcript.

Baumgarth, C., Kaluza, M., & Lohrisch, N. (2014). *Markenaudit für Kulturinstitutionen*. Springer VS.

Baumgarth, C., Kaluza, M., & Lohrisch, N. (2016). Brand Audit for Cultural Institutions (BAC): A validated and holistic brand controlling tool. *International Journal of Arts Management, 19*(1), 54–68.

Baumgarth, C., Merrilees, B., & Urde, M. (2011). Kunden- oder Markenorientierung: Zwei Seiten einer Medaille oder alternative Routen? *Marketing Review St. Gallen, 28*(1), 8–13.

Baumüller, N. (2008). *Unternehmensinterne Erfolgsfaktoren von Markentransfers: Eine ressourcenorientierte Betrachtung von weiten Markentransfers*. Gabler.

Baumüller, N. (2008). *Unternehmensinterne Erfolgsfaktoren von Markentransfers – Eine ressourcenorientierte Betrachtung von weiten Markentransfers*. Gabler.

Beverland, M. B. (2009). *Building brand authenticity: 7 habits of iconic brands*. Palgrave Macmillan.

Beverland, M. B. (2021). *Brand management: Co-creating meaningful brands* (2. Aufl.). Sage.

Blackett, T., & Boad, B. (Hrsg.). (1999). *Co-Branding – The science of alliance*. MacMillan Business.

Bloch, P. H. (1995). Seeking the ideal form: Product design and consumer response. *Journal of Marketing, 59*(3), 16–29.

Brakus, J. J., Schmitt, B. H., & Zarantonello, L. (2009). Brand experience: What is it? How is it measured? Does it affect loyalty? *Journal of Marketing, 73*(3), 52–68.

Bresciani, S., & Eppler, M. J. (2010). Brand new ventures? Insights on start-ups branding practices. *Journal of Product & Brand Management, 19*(5), 356–366.

Brexendorf, T. O., & Daecke, N. (2012). The brand manager – Current tasks and skill requirements in FMCG companies. *Marketing Review St. Gallen, 29*(6), 32–37.

Bruhn, M. (2018). *Sponsoring* (6. Aufl.). Wiesbaden.

Buether, A. (2020). *Die geheimnisvolle Macht der Farben*. Droemer.

Cameron, K. S., & Quinn, R. E. (2006). *Diagnosing and changing organizational culture.* Jossey-Bass.

Carlye, L., Menold, J., & Wood, K. L. (2019). Prototyping Canvas Design Tool für Planning Purposeful Prototypes. Proceedings of the 22nd International Conference on Engineering Design, ICED19, 1563–1572.

Carter, M., & Carter, C. (2020). The creative business model canvas. *Social Enterprise Journal, 16*(2), 141–158.

Ching, H. Y., & Fauvel, C. (2013). Criticism, variatins and experiences with business model canvas. *European Journal of Agriculture and Forestry Research, 1*(2), 26–37.

Creative commons. (2021). Was Lizenzen bewirken. https://creativecommons.org/licenses/?lang=de. Zugegriffen: 5. März 2021

Daou, A., Mallat, C., Chammas, G., Cerantola, N., Kayed, S., & Saliba, N. A. (2020). The Ecocanvas as a business model canvas for a circular economy. *Journal of Cleaner Production, 258,* 120938.

De Cherantony, L., McDonald, M., & Wallace, E. (2011). *Creating powerful brands* (4. Aufl.). Elsevier.

Deng, Q., & Messinger, P. R. (2022). Dimensions of brand extension fit. *International Journal of Research in Marketing* (Online first).

Ebster, C., & Garaus, M. (2011). *Store design and visual merchandising: Creating store space that encourages buying.* Businessexpert.

Erdogan, B. Z., Baker, M. J., & Tagg, S. (2001). Selecting celebrity endorsers. *Journal of Advertising Research, 41*(3), 39–49.

Felin, T., Gambardella, A., Stern, S., & Zenger, T. (2020). Lean startup and the business model: Experimentation revisited. *Long Range Planning, 53*(4), 101953.

Fetscherin, M. (2020). *The brand relationship playbook.* BrandRelationshipBook.

Florman, M., Klingler-Vidra, R., & Facada, M. J. (2016). *A critical evaluation of social impact assessment methodologies and a call to measure economic and social impact holistically through the External Rate of Return platform.* Working Paper #1602, LSE Enterprise.

Fombrun, C. J., Gardberg, N. A., & Sever, J. M. (2000). The reputation quotient: A multistakeholder measure of corporate reputation. *Journal of Brand Management, 7*(4), 241–255.

Frick, J., & Ali, M. M. (2013). Business model canvas as tool for SME. In B. Prabhu, M. Taisch, & D. Kiritsis (Hrsg.), *Advances in production management systems. Sustainable production and service supply chains. APMS 2013. IFIP advances in information and communication technology* (Bd. 415, S. 142–149). Springer.

Gilmore, J. H., & Pine, B. J. (2007). *Authenticity – What consumers really want.* Harvard Business School.

Goodman, E., Kuniavsky, M., & Moed, A. (2012). *Observing the user experience: A practitioner's guide to user research.* Elsevier.

Großklaus, R. H. G. (2006). *Positionierung und USP.* Gabler.

Ha, Y., & Lennon, S. J. (2010). Online visual merchandising (VMD) cues and consumer pleasure and arousal: Purchasing versus browsing situation. *Psychology & Marketing, 27*(2), 161–165.

Habermann, F. (2014). Der Project Canvas – Eine gemeinsame Sprachplattform für Business und IT. *Praxis der Wirtschaftsinformatik, 51*(5), 568–579.

Habermann, F., & Schmidt, K. (2017). *Project design*. Becota.

Habermann, F., & Schmidt, K. (2018). *Over the fence*. Becota.

Habermann, F., & Schmidt, K. (2020). The project canvas: Five years evolution of a project management instrument. *International Journal of Management Practice, 13*(2), 216–236.

Hansen, P. (2014). Tesla electrical burns. https://www.philinthecircle.com/more-1. Zugegriffen: 10. Jan. 2021.

Hartmann, O., & Haupt, S. (2016). *Touch! Der Haptik-Effekt im multisensorischen Marketing* (2. Aufl.). Freiburg et al.

Hatch, M. J., & Schultz, M. (2008). *Taking brand initiative: How companies can align strategy, culture, and identity through corporate branding*. Jossey-Bass.

Henderson, P. W., & Cote, J. A. (1998). Guidelines for selecting or modifying logos. *Journal of Marketing, 62*(2), 14–30.

Herbst, U., & Voeth, M. (2018). Markenpersönlichkeitsmessung von B-to-B-Marken. In C. Baumgarth (Hrsg.), *B-to-B-Markenführung – Grundlagen – Konzepte – Best Practice* (2. Aufl., S. 853–867). Springer Gabler.

Högl, S., & Hupp, O. (2004). Brand Performance Measurement mit dem Brand Assessment System (BASS). In A. Schimansky (Hrsg.), *Der Wert der Marke – Markenbewertungsverfahren für ein erfolgreiches Markenmanagement* (S. 124–145). Vahlen.

Homburg, C., Vomberg, A., Enke, M., & Grimm, P. H. (2015). The loss of the marketing department's influence. *Journal of the Academy of Marketing Science, 43*(1), 1–13.

Ind, N. (2007). *Living the brand – How to transform every member of your organization into a brand champion* (3. Aufl.). KoganPage.

Ind, N. (Hrsg.). (2017). *Branding inside out: Internal branding in theory and practice*. KoganPage.

Ind, N., & Schmidt, H. J. (2019). *Co-creating brands – Brand management from a Co-creative perspective*. Bloomsbury Business.

Jacobsen, J., & Meyer, L. (2017). *Praxishandbuch usability und UX*. Rheinwerk Computing.

Jenner, T. (2005). Funktionen und Bedeutung von Marken-Audits im Rahmen des Marken-Controllings. *Marketing ZFP, 27*(3), 197–207.

Joyce, A., & Paquin, R. L. (2016). The triple layered business model canvas. *Journal of Cleaner Production, 135*(1), 1474–1486.

Keiningham, T. L., Aksoy, L., Cooil, B., Andreassen, T. W., & Williams, L. (2008). A holistic examination of net promoter. *Journal of Database Marketing & Customer Strategy Management, 15*(2), 79–90.

Keller, K. L. (1993). Conceptualizing, measuring, and managing customer-based brand equity. *Journal of Marketing, 57*(1), 1–22.

Keller, K. L., & Swaminathan, V. (2020). *Strategic brand management: Building, measuring, and managing brand equity* (5. Aufl.). Pearson.

Kernstock, J., Esch, F.-R., & Tomczak, T. (2014). Management-Verantwortung, Prozesse und Strukturen für das Corporate Brand Management klären [Clarify management responsibilities, processes and structures for corporate brand management]. In F.-R. Esch, T. Tomczak, J. Kernstock, T. Langner, & J. Redler (Hrsg.), *Corporate brand management* (2. Aufl., S. 129–138). Springer Gabler.

Kilian, K., & Pickenpack, N. (Hrsg.). (2018). *Mehr Erfolg mit Markenkooperationen*. Göttingen.

Kleinjohann, M. (2021). *Marketingkommunikation mit Corporate Architecture: Markenstärkung von Unternehmen durch wirkungsvolle Innen- und Außenarchitektur.* Gabler.

Kline, W. A., Hixson, C. A., Mason, T. W., Brackin, P., Bunch, R. M., Dee, K. C., & Livesay, G. A. (2013). The innovation canvas – A tool to develop integrated product designs and business models. (120th ASEE Annual Conference & Exposition in Atlanta), 23.1218.

Klink, R. R. (2003). Creating meaningful brands: The relationship between brand name and brand mark. *Marketing Letters, 14*(3), 143–157.

Knapp, J. (2016). *Sprint – How to solve big problems and test new ideas in just five days.* Simon & Schuster.

Knoll, J., & Matthes, J. (2017). The effectiveness of celebrity endorsements: A meta-analysis. *Journal of the Academy of Marketing Science, 45*(1), 55–75.

Koch, C. (2014). *Corporate brand positioning – Case studies across firm levels and over time.* Lund University Press.

Konecnik Ruzzier, M., & Ruzzier, M. (2015). Startup branding funnel: A new approach for developing startup brands. *Proceedings of the 4th Annual International Conference on Enterprise Marketing and Globalization (EMG 2015) and 5th Annual International Conference on Innovation and Entrepreneurship (IE 2015),* (S. 32–34). Singapore.

Kotler, P., Gregor, W., & Rodgers, W. (1977). The marketing audit comes of age. *Sloan Management Review, 18*(2), 25–43.

Kozlowski, A., Searcy, C., & Bardecki, M. (2018). The reDesign canvas: Fashion design as a tool for sustainability. *Journal of Cleaner Production, 183,* 194–207.

Kreuzbauer, R. (2013). *Design and brand: The influence of product form on the formation of brands.* DUV.

Kriegbaum, C. (2011). *Markencontrolling: Bedeutung und Steuerung von Marken als immaterielle Vermögenswerte im Rahmen eines unternehmerischen Controlling.* Vahlen.

Kübler, R. V., Colicev, A., & Pauwels, K. H. (2020). Social media's impact on the consumer mindset: When to use which sentiment extraction tool? *Journal of Interactive Marketing, 50,* 136–155.

Laforet, S., & Saunders, J. (2007). How brand portfolios have changed: A study of grocery suppliers brands from 1994 to 2004. *Journal of Marketing Management, 23*(1–2), 39–58.

Langner, T. (2003). *Integriertes Branding: Baupläne zur Gestaltung erfolgreicher Marken.* Deutscher Universitäts-Verlag.

Laugwitz, B., Schrepp, M., & Held, T. (2008). Construction and evaluation of a user experience questionnaire In A. Holzinger (Hrsg.) *HCI and usability for education and work. USAB 2008. lecture notes in computer science* (Bd. 5298, S. 63–76). Springer.

Lemper, T. A. (2012). Five trademark law strategies for managing brands. *Business Horizons, 55*(2), 113–117.

Lewandowski, M. (2016). Designing the business models for circular economy—Towards the conceptual framework. *Sustainability, 8*(1), 43.

Lewrick, M., Link, P., Leifer, L., & Langensano, N. (2017). *Das Design Thinking Playbook.* Vahlen.

Lim, K., & O'Cass, A. (2001). Consumer brand classifications: An assessment of culture-of-origin versus country-of-origin. *Journal of Product & Brand Management, 10*(2), 120–136.

Liu, B. (2020). *Sentiment analysis – Minning opinions, sentiments, and emotions* (2. Aufl.). Cambridge University Press.

Lou, C., & Yuan, S. (2019). Influencer marketing: How message value and credibility affect consumer trust of branded content on social media. *Journal of Interactive Advertising, 19*(1), 58–73.

Low, G. S., & Fullerton, R. A. (1994). Brands, brand management, and the brand manager system: A critical-historical evaluation. *Journal of Marketing Research, 31*(2), 173–190.

Machado, J. C., de Carvalho, L. V., Torres, A., & Costa, P. (2015). Brand logo design: Examining consumer response to naturalness. *Journal of Product & Brand Management, 24*(1), 78–87.

Maul, K.-H., Mussler, S., & Hupp, O. (2004). Sieben Bewertungsverfahren im Vergleich. In Markenbewertung – Die Tank AG (Hrsg.), *Absatzwirtschaft* (S. 221–239). Handelsblatt.

Maurya, A. (2013). *Running Lean: Das How-to für erfolgreiche Innovationen.* O'Reiley.

Michel, G., & Willing, R. (2020). *The art of successful brand collaborations: Partnerships with artists, designers, museums, territories, sports, celebrities, science, good causes … and More.* Routledge.

Nguyen, H. T., Zhang, Y., & Calantone, R. J. (2018). Brand portfolio coherence: Scale development and empirical demonstration. *International Journal of Research in Marketing, 35,* 60–80.

Nielsen, J. (2006). The 90–9–1 Rule for participation inequality in social media and online communities. https://www.nngroup.com/articles/participation-inequality/. Zugegriffen: 12. März 2021

Niemand, T., Hoffmann, S., & Mai, R. (2014). Einsatzpotenziale und Grenzen bei der Anwendung des Impliziten Assoziationstests (IAT) in der Marketing-Forschung. *Marketing ZFP, 36*(3), 187–202.

Odin, Y., Odin, N., & Valette-Florence, P. (2001). Conceptual and operational aspects of brand loyalty: An empirical investigation. *Journal of Business Research, 53*(2), 75–84.

Onken, M., & Campeau, D. (2016). Lean startups: Using the business model canvas. *Journal of Case Studies, 34*(1), 95–101.

Osterwalder, A. (2004). *The business model ontology: A proposition in a design research approach.* Doktorarbeit an der Universität Lausane.

Osterwalder, A., & Pigneur, Y. (2010). *Business model generation.* Wiley.

Piehler, R. (2011). *Interne Markenführung: Theoretisches Konzept und Fallstudienbasierte Evidenz.* Gabler.

Raffelt, U. (2012). *Architectural branding: Understanding and measuring its relevance for brand communication.* FGM.

Ramaswamy, V., & Ozcan, K. (2014). *The Co-creation paradigm.* Stanford Business Books.

Renard, N., & Sitz, L. (2011). Maximizing sponsorship opportunities: A brand model approach. *Journal of Product & Brand Management, 20*(2), 121–129.

Ries, E. (2011). *The lean startup: How today's entrepreneurs use continuous innovation to create radically successful businesses.* Crown Books.

Rode, V. (2004). *Corporate Branding von Gründungsunternehmen.* Springer.

Rode, V., & Vallaster, C. (2005). Corporate branding for start-ups: The crucial role of entrepreneurs. *Corporate Reputation Review, 8*(2), 121–135.

Rossiter, J. R., Percy, L., & Bergkvist, L. (2018). *Marketing communications: Objectives, strategy, tactics.* Sage.

Rus, M., Koecniak Ruzzier, M., & Ruzzier, M. (2018). Startup branding: Empirical evidence among slovenian startups. *Managing Global Transitions, 16*(1), 79–94.

Salinas, G. (2009). *The international brand valuation manual.* Wiley.

Sarodnick, F., & Brau, H. (2016). *Methoden der Usability Evaluation: Wissenschaftliche Grundlagen und praktische Anwendung* (3. Aufl.). Hogrefe.

Schein, E. H. (1999). *The corporate culture survival guide.* Jossey-Bass.

Schein, E. H. (2004). *Organizational culture and leadership* (3. Aufl.). Jossey-Bass.

Schmidt, H. J., & Baumgarth, C. (2018). Strengthening internal brand equity with brand ambassador programs: Development and testing of a success factor model. *Journal of Brand Management, 25*(3), 220–265.

Sinek, S. (2009). *Start with why: How great leaders inspire everyone to take action.* Portfolio/Penguin

Sommer, S., Loch, C. H., & Dong, J. (2009). Managing complexity and unforeseeable uncertainty in startup companies: An empirical study. *Organization Science, 20*(1), 118–133.

Spall, C., & Schmidt, H. J. (2019). *Personal Branding – Was Menschen zu starken Marken macht.* Springer Gabler.

Sparviero, S. (2019). The case for a socially oriented business model canvas: The social enterprise model canvas. *Journal of Social Entrepreneurship, 10*(2), 232–251.

Spence, C., Puccinelli, N. M., Grewal, D., & Roggeven, A. L. (2014). Store atmosphere: A multisensory perspective. *Psychology & Marketing, 31*(7), 472–488.

Steiner, P. (2020). *Sensory Branding: Grundlagen multisensualer Markenführung* (3. Aufl.). Wiesbaden.

Strebinger, A. (2014). Rethinking brand architecture: A study on industry, company- and product-level drivers of branding strategy. *European Journal of Marketing, 48*(9/10), 1782–1804.

Thakor, M., & Kohli, C. S. (1996). Brand origin: Conceptualization and review. *Journal of Consumer Marketing, 13*(3), 2–42.

Tomczak, T., Esch, F.-R., Kernstock, J., & Hermann, A. (Hrsg.)(2012). *Behavioral Branding: Wie Mitarbeiterverhalten die Marke stärkt* (3. Aufl.). Gabler.

Tomczak, T., Kernstock, J., & Brexendorf, O. (2014). Ziele, Leistungsgrößen und Erfolgsfaktoren identifizieren und steuern. In F.-R. Esch, T. Tomczak, J. Kernstock, T. Langner, & J. Redler (Hrsg.), *Corporate brand management* (2. Aufl., S. 565–582). Springer Gabler.

Urde, M. (1994). Brand orientation: A strategy for survival. *Journal of Consumer Marketing, 11*(3), 18–32.

Urde, M. (1999). Brand orientation: A mindset for building brands into strategic resources. *Journal of Marketing Management, 15*(1–3), 117–133.

Urde, M., Baumgarth, C., & Merrilees, B. (2013). Brand orientation and market orientation. *Journal of Business Research, 66*(1), 13–20.

Verhoef, P. C., & Leeflang, P. S. H. (2009). Understanding the marketing department's influence within the firm. *Journal of Marketing, 73*(1), 14–37.

Verhoef, P. C., Leeflang, P. S. H., Reiner, J., Natter, M., & Baker, W. (2011). A cross-national investigation into the marketing department's influence within the firm. *Journal of International Marketing, 19*(3), 59–86.

Völckner, F., & Sattler, H. (2006). Drivers of brand extension success. *Journal of Marketing, 70*(2), 18–34.

Wheeler, A. (2017). *Designing brand identity: An essential* (5. Aufl.). Wiley.

Whitzman, C. (2016). 'Culture eats strategy for breakfast': The powers and limitations of urban design education. *Journal of Urban Design, 21*(5), 574–576.

Wichmann, J. R. K., Wiegand, N., & Reinartz, W. J. (2022). The platformization of brands. *Journal of Marketing, 86*(1), 109–131.

Wong, H. Y., & Merrilees, B. (2005). A brand orientation typology for SMEs: A case research approach. *Journal of Product & Brand Management, 14*(3), 155–162.

Yoo, B., & Donthu, N. (2001). Developing and validating a multidimensional consumer-based brand equity scale. *Journal of Business Research, 52*(1), 1–14.

Zolonowski, A., Weiß, C., & Böhmann, T. (2014). Representing service business models with the service business model canvas. *Proceedings of the 24th Hawaii International Conference on System Science, 47*, 718–727.

Printed in the United States
by Baker & Taylor Publisher Services